영적 외도하는 예배자

장종택 지음

이 책은 2018년 11월 7일 출간된 「영적 외도하는 예배자」(도서출판 더드림)를 수정.보완한 내용임을 밝힙니다

차례

Episode 01_ 영적 외도하는 예배자 … 7

영적외도(外道) ǀ 예배의 주인이 나였다니! ǀ 선무당 같은 그리스도인
예배 중에 경험하는 여호와의 친밀하심 ǀ 어떻게든 예배합시다!
하나님을 아는 만큼 우리는 예배할 수 있다 ǀ 두 종류의 칭찬
부끄럽게도 고백과 삶이 달랐구나 ǀ 보편적인 죄 ǀ 둔감과 민감의 상호관계

Episode 02_ 하나님과 돈 사이에서 줄타기하는 예배자 … 43

하나님과 돈 사이에서 줄타기하는 사역자 ǀ 예배는 관계로 이루어진다
현대 기독교인들의 병폐 ǀ 기대감을 주는 예배 인도자 ǀ 예배의 주인이 제외된 선곡
사역에는 유혹이 참 많다 ǀ 진짜 목사를 만났다 ǀ 진짜 집사를 만났다
들통이 나야 형통이 흐른다 ǀ 사용하지 않으면 빼앗긴다

Episode 03_ 영적 불편함   69

영적 불편함 ｜ 예수님보다 더 당기는 커피? ｜ 주님께 의미 없는 사역 ｜ 모순
나의 불리한 조건들이 나를 살게 한다 ｜ 죄송합니다 그리고 미안합니다
소름끼치는 반전 ｜ 교회는 사역자를 존중하고 사역자는 교회를 존귀히 여기고
성령님의 잔소리 ｜ "잠시만요" 대신에 "즉시"

Episode 04_ 하나님을 경외한다는 사람이 무례할 수 있을까   99

하나님을 경외한다는 사람이 사람에겐 무례할 수 있을까? ｜ 죽음 안에 머물러도 예배하렵니다
사람들은 내가 그리스도인 것을 알까? ｜ 은퇴하지 말고 내려놓자
말씀 없는 하루는 꿈도 꾸지 말라 ｜ 이루고 누리는 것보다 그것들을 내려놓고 내어놓는 것이 더 어렵다 ｜ 어디에 반응해야 하나? ｜ 예배처소는 내가 거하는 모든 곳
영성(spirituality)과 인성(personality) ｜ 은혜 없인 논할 수 없는 영성 ｜ 산악자전거 전도자
어찌 이리 다를까?

Episode 05_ 삶의 구체적인 이야기들이 예배의 재료가 된다   129

삶의 구체적인 이야기들이 예배의 재료가 된다 ｜ 기억되지 못할 리더
성경을 어떻게 읽느냐? ｜ 내 삶을 역전시키시는 주 ｜ 억지로라도 말씀 앞에
속지도 말고 속이지도 말자 ｜ 제일 쉬운 것은 게으름 ｜ 하나님을 업신여겨 무시하는 행동
회중을 무시하지 말라 ｜ 우리가 진짜 좋아하는 것은?

Episode 06_ 내 꼬락서니를 보게 해주셔서 감사합니다   151

내 꼬락서니를 보게 해주셔서 감사합니다 ｜ 예수님은 심장 같은 존재 ｜ 이리 살면
바라지 말고 움직여라(Stop wishing, Start dong) ｜ 온도계와 온도조절기의 차이
예배 사역자에게 있어 본질이란? ｜ 오늘이 이 땅에서의 마지막이 될 수 있음을 잊지 말라
막내딸이 알려준 나의 정체성 ｜ 그리스도인은 비상구를 닫고 배수진을 치는 사람
손발이 잘 맞아야 할 텐데 ｜ 비상구를 닫고 배수진을 쳐봤다더니

*Episode 07*_ 살아 있는 은혜를 유통하는 자가 되라   173

살아있는 은혜를 유통하는 자가 되라 ┃ 정작 자신을 먼저 살리는 정직한 중보기도
주님의 세심한 배려 ┃ 교회 권위자는 섬김의 상징 ┃ 1퍼센트 과즙이 붙여준 이름
매일 주님과 함께하면 ┃ 새 마음이 담긴 새 노래 ┃ 감격스러운 예배현장 사진
하나님의 판단에 내 인생이 계산되니 ┃ 부끄러운 줄 알자

*Episode 08*_ 하나님의 입장을 생각해 본다면   195

하나님의 입장을 생각해 본다면 ┃ 그리스도인 같기도 하고, 아닌 것 같기도 하고
미쳐본 적이 있는가? ┃ 주는 죄악을 기뻐하지 않으시는 분 ┃ 아빠는 성경을 읽는다
가치 있는 중독 ┃ 내 자존심을 걸게 하는 중보기도
정직한 중보기도는 꿈틀꿈틀 살아 움직이는 실체 ┃ 중보기도를 무시하게 만들지 말라
내 맘을 알아주는 분 ┃ 사랑함과 좋아함의 차이 ┃ 바쁨은 독이다
말과 글에는 책임이 따른다

*Episode 09*_ 탓하며 변명하는 사역자   221

탓하며 변명하는 사역자 ┃ 낭패를 통해 주님의 마음을 배우다
주님의 정확한 판단을 두려워하라 ┃ 들통 나면 알게 되는 것 ┃ 다윗이 부러운가?
하나님께 신실하다면서 사람에게 신실하지 못하다면? ┃ 성경 읽는 이유
아내에게 인정받는 사역자 ┃ 잃을 것이 없는 사람에게는 거칠 것이 없다
잃을 것이 없는 사람처럼 살아봤더니 ┃ 예수님의 격려

*Episode 10*_ 감동이 가치로 드러나려면   247

감동은 행함으로 옮겼을 때 가치로 드러난다 ┃ 내가 누구를 좋게 하랴
맛 본 사람은 가만히 있지 않는다 ┃ 사역은 정해진 콘티(continuity)가 아니더라!
소통은 일상 속에서 요구되는 정직한 노력이며 열심 ┃ 관계는 소모품이 아니다
짐승만도 못한 그리스도인? ┃ 변화 아니면 변질 ┃ 물고기는 물 위에 뜨면 죽은 것이다
후회하지 않도록 성할 때 사용하라 ┃ 종은 순간순간 주인의 말에 경청하여 따르는 자
하나님이 내게 원하시는 것 그 일을 내가 하련다

Episode 01
영적 외도하는 예배자

영적외도
(外道)

외도의 사전적 의미
1.바르지 아니한 길이나 노릇
2. 아내나 남편이 아닌 상대와 성관계를 가지는 일 3.본업을 떠나 다른 일에 손을 댐

사역을 마치고 귀가하는 전철에서 청춘 남녀의 담소 나누는 모습이 눈에 들어왔다. '참 보기 좋다'라는 느낌을 갖다 문득 아내가 생각났다. 늘 그러했듯 이번 여름 시즌도 사역 때문에 거의 집에 머무는 시간이 없었다.

반면에 긴 여름방학을 집안에서 하루 종일 아이들과 시간을 보냈을 아내를 생각하니 미안한 마음이 들었다. 그래서 오늘 저녁은 아내에게만 집중해서 수다 떠는 즐거운 시간을 가져야겠다고 마음먹었다.

집에 들어서니 감사하게도(?) 아이들은 이미 각자의 방에서 자고 있었다. 계획했던 대로 아내와 시원한 커피를 놓고 대화를 나누는데 이 소중한 시간을 방해하는 문자들이 계속 왔다. 사역 문의와 초청한 교회에서 본문과 설교제목, 포스터에 들어갈 프로필과 사진 등을 부탁하는 문자들이었다.

나는 아내가 눈치 채지 못하게 핸드폰을 슬며시 식탁 밑으로 내려 한손으로 살짝살짝 답문을 보내는 중, 벽에 걸려있는 거울에 비친 내 모습을 보게 되었다. 순간 화들짝 놀랬다.

내 얼굴은 아내와 마주하며 대화하는 척 고개를 끄덕이고 있었지만

실상 내 마음은 핸드폰의 문자에 가있었다. 나는 이런 나의 모습이 아내에 대해 "정신적 외도" 중임을 인지했다.

그 와중에 나를 완전히 흔들어 놓는 깨달음 하나 더 있었다.

주일날 예배에 참석하는 우리는 어떠한가?

예배의 주체이신 하나님이 임재하는 그 시간, 우리는 온전히 그분께 집중하여 말씀을 듣고 노래를 하며 그분과의 친밀한 소통이 이루어져야함에도 불구하고 실상은 '예배 끝나면 남녀 선교회와 부서모임에 참석해야하며, 무엇을 준비해야 하고, 예배 후 어느 마트에 가서 장을 보고, 집에 손님이 온다는데 어찌 준비해야하고, 저녁 약속에 늦지 않기 위해 어떤 방법으로 이동을 하며'라는 계획으로 마음이 분주하지 않았던가? 주님에 대한 집중은커녕 생각이 온 사방으로 분산되어 날아다니다 이내 꾸벅꾸벅 조는 일이 일쑤이지 않았던가?

몸은 주님께 예배한다고 의자에 앉아 있으면서도 온통 잡다한 생각과 걱정, 근심, 염려로 예배시간을 보낸다면 내가 아내 앞에서 범했던 '정신적 외도'처럼, 하나님을 기만하고 업신여기는 '영적 외도'와 뭐 다를 것이 있을까?

"아, 회개합니다.
아내에게도, 하나님께도…
이런 외도하는 습관,
당장 바꾸겠습니다."

Episode 01_ 영적 외도하는 예배자

예배의 주인이
나였다니!

요즘 아침 해 뜨는 시간을 물으면 아침 6시, 저녁 해지는 시간을 물으면 저녁 7시 30분경이라 한다. 모두가 그렇다고 믿으며 스스럼없이 진리인 양 말한다. 그런데 이 말은 모순이고 결코 사실이 아니다. 그 이유는 태양은 뜨거나 지지 않기 때문이다.

항성인 태양은 움직이지 않고 그대로 있는데 행성인 지구가 자전을 하기 때문에 아침이 되고 저녁이 되는 것이다. 단지 우리 눈에 그렇게 보일뿐 "해가 뜬다, 해가 진다"라는 말은 진리적 차원에서도 잘못된 것이다.

모두가 알다시피 1543년, 폴란드 천문학자였던 코페르니쿠스가 쓴 논문 「천체의 회전에 관하여」를 통해 지동설이 발표되었고, 1632년 이탈리아 과학자 갈릴레오 갈릴레이의 「두 개의 우주체계에 관한 대화」에서 지동설이 입증되었다.

과학이 발달하여 우주를 다녀오고 우주 정거장을 세우는 현시대에는 모두가 다 아는 평범한 사실이다. 그럼에도 불구하고 왜 우리는 지금도 '해가 뜬다, 해가 진다'라는 말을 거부감 없이 자연스럽게 사용할까?

그 이유는 우리가 지구에 살기 때문이다. 지동설이 이미 오래전 증명되었지만 인간이 사는 지구가 우주의 중심이며 지구에 사는 우리가 판단의 주체라 여기기에 우리가 바라보는 시각이 기준이 된다. 그래서 진리를 거슬러 말해도 아무런 부담이 없는 것이다. 이것이 인간이 모든 것의 중심이 된다는 인본주의이다.

착각이다.

내 딸들이 어렸을 때 자동차를 타고 가면 차창 밖으로 지나가는 나무를 보고 "아빠, 나무들이 달려오고 있어요"라고 외쳤던 기억이 난다. 차를 타고 있는 자신이 중심이니 당연히 아이들은 착각을 사실처럼 말한다. 이와 유사하다.

내가 만약 기독교인들에게 "하나님이 당신을 위해 존재하십니까? 아니면 당신이 하나님을 위해 존재합니까?"라고 물으면 모두가 "우리가 하나님을 위해 존재합니다"라고 주저 없이 답할 것이다. 하지만 그 대답이 진리임에도 불구하고 실제 우리의 삶을 보면 하나님이 우리를 위해 존재한다는 증거들이 우리 삶의 곳곳에 있지 아니한가?

갑자기 소나기가 오면 그제야 우산을 찾듯 우리가 우리 삶의 주인 행세를 하다 어느 날 문득 자신의 역량을 넘어서는 삶의 문제나 고난, 시련이 닥치면 하나님을 찾았던 우리 아니었던가?

하나님은 예배할 때를 제외하고는 의식조차 하지 못하는 삶의 소소한 분이실까?

하나님은 문득 겪는 어려움과 문제를 해결해주시는 '도깨비 방망이'나 '요술램프 지니' 같은 해결사일까?

그래서인지 하나님을 예배하는 중에도 우리는 착각한다. 분명 예배의 주인은 하나님이라고 지식과 이성으로 인정하고 상식적으로도 알고 있지만 실제 예배의 주인은 우리가 되어 있다.

내가 감동하는 설교
내게 은혜 되는 찬송
내 기도가 응답받는 예배
내 취향에 맞는 예배
나 중심의 인본주의 예배

자신이 추구하는 예배방식과 자신에게 꼭 맞는 맞춤형 설교와 찬송이 아니면 한결같이 하나님이 임재하시는 예배임에도 "지난 주일은 은혜를 누렸는데 이번 주일은 죽 쑤는 주일이었다"라고 들쑥날쑥한 예배하지 않았나?

예배의 주인이 우리 자신이라면 우리가 하나님이 되어버리는 엄청난 오류를 범하는 것이니 참으로 두렵고 무섭고 떨리는 일이다. 그러므로 돌아가자, 힘써 돌아가자. 인본주의 예배에서 당장 신본주의 예배로 돌아가자.

선무당 같은 그리스도인

우리나라 속담에 "선무당이 사람 잡는다"라는 말이 있다. 제대로 알지도 못하면서 아는 척하다 큰일을 당하거나, 그르친다는 뜻이다. 이런 선무당 같은 그리스도인이 있다. 오랫동안 신앙생활을 해왔지만 여전히 어설프고 미숙한 그리스도인이다.

"말씀을 사랑한다, 말씀을 믿는다"라고 고백하지만 정작 성경을 읽지도 않고 성경에 대한 지식도 없으며 성경말씀의 앞뒤 문맥은 무시하고 자신이 추구하고 말씀만 편집하여 자신의 사고방식이 하나님의 뜻인 양 믿고 사는 어설픈 그리스도인 말이다.

TV와는 즐거움에 시간 가는 줄 모르고 마주하면서도 주님과는 지루하여 10분도 마주하지 못하는 그리스도인.
드라마 내용은 훤히 꿰고 있으면서도 성경에는 무지하며 내용은 제쳐두고라도 66권 성경 목록조차 외우지 못하는 그리스도인.
핸드폰을 집에 놔두고 나오면 안절부절 못하면서도 예수님 없이도 하루를 거뜬히 살아가는 그리스도인.

인기 드라마 본방 시간과 줄거리 흐름을 꿰고 있고, 10명이 넘는 아이돌 그룹의 멤버 이름과 생년월일, 그들의 사생활은 줄줄 외우면서도 암송하는 성경구절 하나 없고, 예수님의 열두 제자 이름조차 제대로 기억하지 못하는 그리스도인.

5년, 10년, 20년 이상 신앙 생활했었지만 여전히 성경퀴즈 대회가 두려운 그리스도인.

자신은 교회 다니며 직분 받고 종교 활동하는 그리스도인이라 확신하는데 세상은 믿음의 증거가 보이지 않는다하여 그리스도인이라 인정하지 않는 그리스도인.

하나님은 내 편이시며, 복 주시고 기도하면 응답하신다는 말씀은 잘 들이대면서 정작 자신은 공의와 정의의 하나님의 편에 서지 않으며 십자가의 길, 좁은 길 걸으라는 말씀에는 반응도, 적용도 하지 않는 그리스도인.

이런 그리스도인이 선무당 같은 그리스도인 아닐까?

이런 어설픈 그리스도인이 하나님의 나라에 민폐를 끼치고 왕업을 망친다. 자신도 천국에 가지 못하면서 주위 사람들조차 천국 못 가게 막는 선무당 같은 그리스도인이 하나님의 이름을 망령되이 일컫고 더럽힌다.

내 백성이 하나님을 아는 지식이 없으므로 망하는도다 (호 4:6)

아주 오래전 내게 경고했었던 말씀을 다시 두려운 마음으로 되새긴다. 어쩌면 내가 바로 하나님을 아는 지식 없어 하나님 아는 척하며 사는 그런 선무당 같은 그리스도인은 아닐까?

하나님의 나라와 왕업을 위해서라도, 나 자신을 위해서라도 힘써 여호와를 알도록(호 6:3) 노력하여 삶에 적용하는 오늘을 살아내야겠다.

예배 중에
경험하는
여호와의 친밀하심

이전 미국 달라스(Dallas TX)에 살 때 겪었던 일이다.

토요일 오후, 조카의 생일 선물을 사기 위해 평소 즐겨 찾는 아울렛(outlet) 매장에 들렀다. 그곳은 옷과 신발 그리고 다양한 제품이 고루 갖춰져 있기에 한번 들러 필요한 모든 것들을 구입할 수 있어 참 편리하다. 발품을 팔면 가끔 생각지도 못한 유명한 상품을 크게 할인된 가격으로 구입할 수 있기에 꼼꼼하게 살피며 매장을 돌아다녔다. 하지만 두 살배기 여자 조카를 만족시킬만한 선물을 찾는다는 것이 생각보단 쉽지 않았다. 그러다 마침내 의류 코너에서 아주 예쁜 수영복을 발견했다.

유명 브랜드임에도 불구하고 이제 막 재고 정리에 들어간 것이라 가격은 물론이고 재질과 디자인도 마음에 쏙 들었다. 수영복을 덥석 집어 드는데 문득 큰 딸 이슬이가 생각났다. '이렇게 좋은 가격이라면 이슬이 것도 사야겠다' 싶어 살펴봤더니 공교롭게도 바로 옆에 딸아이 사이즈의 똑 같은 수영복이 보이는 것이 아닌가!

'옳다구나' 싶어 집어보니 가격표가 붙어 있지 않았다. 조카와 딸의 나이가 4살이나 차이가 났기에 수영복 크기는 한 눈에 봐도 달랐다. 그런데 미국에서 가끔 이런 일들이 생길 때면 계산대 판매원에게 크기(size)가 비록 다르다 할지라도 '가격표가 없을 뿐 똑같은 디자인에다 똑같은 브랜드 상품이니, 같은 가격으로 줄 수 없느냐'라고 부탁하면 판매원이 같은 가격으로 계산해주기도 한다. 특히 내 뒤에 줄이 길게 늘어섰을 때는 기다리는 손님을 빨리 줄여야 하기에 이런 부탁이 더욱 잘 통한다는 사실을 알고 있었다.

이날도 그럴 양으로 기분 좋게 수영복 두벌을 가지고 계산대로 빠져 나오다 얼핏 딸아이 사이즈의 가격표 붙어있는 수영복이 옷걸이에 걸려있는 것이 슬쩍 눈에 들어왔다. 그 순간 나는 고개를 돌리고 외면을 했다. 그리고 계산대로 가는 동안 나는 내 양심에게 이야기했다.

'장종택, 넌 확실히 보지 않았어. 그리고 저게 비슷한 사이즈로 보이지만 딸아이 수영복의 사이즈와 어떻게 정확하게 똑같을 수 있겠어? 뭘 그렇게 신경을 써? 오늘 할일도 많은데 빨리 움직이자고'

계속 생각을 이어갔다.
'난 정확한 어떤 것도 보지 않았어. 암, 그렇고말고. 죄의식 따윈 가질 필요가 없어'

이렇게 두근거리는 마음과 양심을 애써 진정시키며 계산대 앞에 섰다. 그리고 가격표가 붙어있지 않았던 수영복에 대해 설명하고 조카의 수영복과 같은 가격을 부탁했다. 판매원이 내 뒤에 길게 늘어선 사람들을 보더니 "오케이"하며 할인된 가격으로 계산을 했다.

"와우, 완전 득템, 진짜 싸게 구입했어, 돈 번거야!"라며 기분 좋게 지갑을 꺼내는데, 갑자기 아침에 묵상한 말씀이 떠올랐다.

> 악인의 악을 끊고 의인을 세우소서 의로우신 하나님이
> 사람의 마음과 양심을 감찰하시나이다 (시 7:9)

그렇지 않아도 마음 한구석에 양심의 찜찜함이 남아 있었는데 이 말씀이 생각나자 계산원에게 계산 중지를 요청했다. 동시에 "사실은 가격표가 붙어있는 비슷한 크기의 수영복을 본 것 같으니 다시 한 번 가격을 점검(check up)해줬으면 좋겠다"라는 부탁을 했다.

계산원은 구매자인 내가 원했던 가격으로 계산했음에도 불구하고 이런 부탁을 하는 나를 의아해하며 근처에 있는 점원에게 "가격을 알아봐 달라"고 전달했다. 얼마 있지 않아 점원이 가져온 딸아이 사이즈의 또 다른 수영복에는 가격표가 붙어있었고, 역시 조카의 수영복보다 훨씬 비쌌다. 2살짜리 수영복과 6살짜리 수영복의 크기가 확연히 차이가 나는데 어찌 가격이 같을 수 있겠는가?

너희는 믿음 안에 있는가 너희 자신을 시험하고
너희 자신을 확증하라 (고후 13:5)

그 순간, 나 자신이 믿음의 시험대 위에 올라와 있다는 생각이 들었다. 나는 나 자신이 믿음 안에 있음을 증명해내려고 돈을 더 지불하고 구입했다. 그리고 문을 열고 상점을 나오는데 말씀에 순종했다는 뿌듯함에 기분이 얼마나 좋은지, 5월의 햇살보다 더 내 마음이 밝았다.

하루 일과를 마치고 집에 돌아온 밤에, 홀로 예배를 하는데 주님께서 내게 속삭이시는 듯했다.

'종택아, 너 참 잘 했다. 오늘 정직하게 행동한 것, 정말 잘 했다.'

'그리스도인으로서 정직하게 사는 것이 당연한 것임에도 불구하고 그리스도인들의 정직함을 찾아보기가 얼마나 흔치 않았으면 이런 나를 보시고도 우리 주님 기뻐하시나 ㅠㅠ'라는 생각이 드니 주님께 죄송하고 민망했다. 이런 마음으로 시작된 예배는 죄송함과 민망함이 옅어지고 마음 깊은 곳에서 스멀스멀 올라오는 사랑의 속삭임으로 채워졌다. 기타를 안고 감사하며 노래하다 일어나 급기야 춤을 추며 찬양했다. 한참을 그렇게 찬양하다가 기타를 가슴에 올려놓고 벌러덩 누웠다. 하얀 천장에 나를 내려다보며 호탕하게 웃으시는 예수님의 얼굴이 그려졌다. 내 눈가에 눈물이 맺히더니 곧 내 뺨을 타고 내렸다. 평소와 다른 예배의 깊이를 황홀하게 체험했다. 찬양을 드린 후 소리 내어 성경말씀을 읽어가다 순간 온몸에 소름이 돋았다.

여호와의 친밀하심이 그를 경외하는 자들에게 있음이여 (시 25:14)

"아, 그랬구나!"라는 감탄사와 함께 나의 초점은 이 말씀에 고정되어버렸다. 왜냐하면 그날 밤, 이전 경험해 보지 못했던 깊은 사랑 안에서 주님과의 깊은 친밀함을 누리며 예배한 이유를 발견하게 해준 말씀이었기 때문이었다.

하나님을 경외하는 자, 곧 삶속에서 하나님을 존귀하게 여기며 두려워하여 그분의 말씀을 무겁고 심각하게 받아들여 순종하는 자는, 여호와의 선하심을 맛보아 알게 되어(시 34:8) 따뜻하고 친밀한 주님과의 사귐을 예배 중에 누릴 수 있다는 것이었다.

대수롭지 않게 여길 수 있었던 그날의 사건은 '내가 주님을 어떻게 섬기고 살아가는가?'라는 삶을 직시하게 했으며 '나의 유익을 위한 것인가? 아니면 주님의 유익을 위한 것이냐' 라는 선택의 지점에서 내 신앙이 '인본주의'인지 '신본주의'인지 판단하는 잣대가 되어주었다.

 그리고 일상 중에, 주님에 대한 의식도 없고 말씀에 순종하지 않는 사람은 예배당에 앉아 회중예배를 드려도 주님은 너무 멀게 느껴지고 심장은 석회처럼 굳어버린 듯 감동 없는 예배 안에 머물 수밖에 없음도 깨닫게 되었다.

 제아무리 주님을 사랑한다며 소리 지르고 뛰며 찬양한다 할지라도 자신의 유익을 위해 주님의 말씀을 외면하고 타협과 불의, 거짓을 선택하는 삶에 안주하며 예배한다면 그곳에 거룩하고 순결하신 주님과의 친밀한 교제는 결코 들어설 자리가 없는 것이다.

 나 자신이 주인이 되어버린 인본주의 예배를 외면하시는 주님을 어찌 만날 수 있겠는가?

어떻게든 예배합시다!

24명이 모였다는 청년부 수련회가 열리는 강원도로 갔다. 적은 숫자였지만 청년들과 시선을 맞추며 한 사람, 한 사람에게 좀 더 가까이 다가갈 수 있어 좋았고 메시지에 대한 그들의 반응을 감지할 수 있어 더 좋았다.

> 너희는 믿음 안에 있는가 너희 자신을 시험하고 너희 자신을 확증하라
> 예수 그리스도께서 너희 안에 계신 줄을 너희가 스스로 알지 못하느냐
> 그렇지 않으면 너희는 버림받은 자니라 (고후 13:5)

예수를 마음으로 믿어 입으로 시인했다할지라도 자신이 믿음에 합당한 열매를 맺지 못하거나 행동하는 믿음이 없어 자신이 그리스도인임을 증명하지 못한다면 그리스도인 흉내를 내는 가짜일 수 있다고 전했다. 이러한 심각하고 불편한 메시지는 전하는 나에게도, 듣는 청년들에게 경각심을 불어넣어 주었다. 우리는 무거운 이 말씀을 각 개인이 받아들이고 있음을 공감했기에 영적 소통이 가능했다. 그 결과로 우리 믿음의 현주소를 객관적으로 돌아보아 인정하며 회개의 고

백을 했고 서로를 위로하고 격려하는 따뜻한 영적 분위기가 만들어졌다. 말씀을 전한 뒤 뜨겁게 달구진 마음으로 찬양 집회를 가지려는데 문제가 생겼다.

깊은 산속에 위치한 팬션에는 준비해간 MR(반주)을 사용할 수 있는 음향장비가 설치되어 있지 않아 찬양집회는 불가능하였다. 내 판단으로는 이미 충분히 2시간 말씀을 전했고 집회 장소인 강원도로 3시간이나 운전하며 왔기에 피곤이 축척되어 있는데다가 다시 집으로 돌아가려면 또 장거리 운전을 해야 했기에 "찬양은 다음 기회가 주어진다면 그때 하는 것이 어떨까요?"라고 양해를 구했지만 내 의견은 청년들에게 받아들여지지 않았고 그들의 열정은 어떤 환경과 상황도 뛰어넘을 기세였다.

청년부 회장이 잠시만 기다려 달라더니 형제들은 서로 의논하고 움직였고 자매들은 "주님, 어떻게든 소리 나오게 도와주세요!"라고 무릎을 꿇고 기도하기 시작했다. 솔직히 이런 열악한 환경과 당황스러운 상황은 때때로 내게 필요한 시간이기도 하다. 왜냐하면 수천 명이 모인 교회의 수억 원대의 고음질 음향에 익숙해버린 교만스러운 귀를 씻어 내어야하며, 잘 준비된 밥상위에 숟가락만 얹었던 게으른 내 영혼이 다시 영적 긴장감으로 재무장 되어야 하기 때문이다. 무엇보다 나의 영적 전투력을 상승케하는 기회이기 때문이다.

안전하고 편안하면 기도하지 않지만 시련과 어려움은 절박한 기도를 통해 나를 정화시켜준다. 나는 오랜 사역을 통해 이 사실을 배워왔다.

　지혜로운 청년들은 개인용 블루투스 스피커를 가지고 오더니 음원 사이트에 인터넷으로 연결해 MR(반주)이 나오도록 만들었다. 그리고 그 조금만 스피커 앞에 마이크를 갖다 대니 소리가 메인(?) 스피커를 통해 어느 정도 증폭되어 나왔다. 강원도 산속이라 중간 중간 불안정해지는 인터넷 상태로 인해 MR(반주)가 끊어지기도 했지만 음향과 악기 무엇 하나 갖춘 것 없이 생명을 담아 뜨겁게 예배한 초대교회처럼 우리도 평소보다 훨씬 더 적극적인 자세와 갈급함으로 상상치 못했던 영적오기가 가득했던 예배를 드렸다.

　오늘 이 청년들을 통해 다시 확인하는 것은 하나님을 맛보고 알기 시작하면 평소 "예배 시간이 왜 이리 길어!"라고 했던 청년들이 "어떻게든 예배합시다!"라는 진한 갈망이 담긴 반전의 고백을 한다는 것이다. 주님을 맛보게 되고, 더 알게 되고, 더 사랑하게 되면 어떻게든 예배한다. 지금도 환난과 핍박 중에도 목숨을 걸고 예배할 수밖에 없는 중국과 북한의 그리스도인처럼 말이다.

하나님을 아는 만큼
우리는 예배할 수 있다

예배는 하나님을 모르면서 억지로 습관적으로 표현하는 종교 행위가 아니라 하나님을 앎으로 인해 자연스럽게 터져 나오는 모든 반응이다. 문제는 하나님을 모르면서 하는 예배는, 예배의 주인이신 그 분이 받지 않는다는 것이다. 하나님의 예배에 대한 마음은 호세아서 말씀에 쓰여 있다.

> 나는 인애를 원하고 제사를 원하지 아니하며
> 번제보다 하나님을 아는 것을 원하노라 (호 6:6)

하나님이 우리에게 구하시는 예배는 화려한 종교 예전과 행위가 아님을 알려 주고 있다.

내가 무엇을 가지고 여호와 앞에 나아가며 높으신 하나님께 경배할까 내가 번제물 일 년 된 송아지를 가지고 그 앞에 나아갈까 여호와께서 천천의 수양이나 만만의 강수 같은 기름을 기뻐하실까 내 허물을 위하여 내 맏아들을, 내 영혼의 죄를 인하여 내 몸의 열매를 드릴까 사람아 주께서 선한 것이 무엇임을 네게 보이셨나니 여호와께서 네게 구하시는 것이 오직 공의를 행하며 인자를 사랑하며 겸손히 네 하나님과 함께 행하는 것이 아니냐 (미 6:6-8)

예배를 Praise and Worship이라 한다. 예배는 하나님을 칭찬하는 것이다. 칭찬은 상대방을 알아야 할 수 있다. 모르는 상대방을 칭찬할 수는 없지 않은가? 아는 만큼 칭찬하게 되니 예배는 하나님을 아는 만큼 하게 되는 것이다.

그래서 하나님 받으시는 예배하려면 그 분을 알아야 한다. 그 분의 기호(嗜好 무엇을 즐기고 좋아함)를 알고, 그분의 의중을 알려면 만나야한다.

교회 사역을 열심히 한다고 "하나님을 안다" 말할 수 없다. 하나님 모르는 사람들도 자신의 믿음으로 열심히 사역하고 일하니 말이다.

상대방을 알려면 시간을 내어 만나야한다. 사람 관계도 상대방을 알려면 시간을 내어 티타임을 갖고 식사도 같이 하고 영화도 보며 고민상담도 하고 여행도 하면서 시간을 함께 보내지 않는가?

하나님을 알고 예배하려면 일상 중, 시간을 내어 그 분을 만나 그 분의 인자하심, 자비와 긍휼 그리고 사랑이 어떤 것인지 맛보아야하고, 말씀을 통해 그 분을 만나 그분의 공의와 정의가 무엇인지 알아야하며, 그분과 동행하여 그 분의 신적 섭리와 능력을 경험해야 한다.

그분을 알고 그 선하심을 맛보게 되면 우리는 그분을 예배하지 않을 수 없다.

그래서 예배는 하나님을 아는 만큼 할 수 있는 것이다.

두 종류의 칭찬

전화가 온다.

"혹시 장종택 목사님 핸드폰 맞죠?"

"저는 ○○교회 ○○○목사인데 장종택 목사님 맞으시죠?"

집회초청은 이런 문의 전화로부터 시작된다. 날짜와 시간 그리고 집회 목적과 초청 이유를 알려주시고 대화 중 교회의 필요와 여러 조건이 잘 맞으면 집회가 성사된다. 그리고 나면 요구하시는 것이 있는데 나의 프로필이다.

담임 목사님은 당회에, 부목사님이나 담당 집사님은 담임 목사님에게 나에 대한 검증의 자료를 드려야 하니 프로필을 부탁하신다. 그러면 나는 이미 준비된 프로필을 이메일로 보내드린다.

집회 당일에는 예배당 앞자리에 앉아서 내 순서를 기다린다. 집회가 시작되면 나와 연락이 닿았던 목사님이나 직분 자들이 나를 소개하기 위해 강단으로 오르시는데 그분들의 손에는 종이 한 장이 들려 있다. 그것은 다름 아닌 이메일로 보내드린 나의 프로필이다. 그리고 목사님이나 직분자는 프로필을 읽으며 나를 칭찬한다.

프로필이란 강사에 대한 간단한 소개이지만 프로필을 작성하는 사람은 자신을 홍보하는 내용, 자랑으로 채우게 된다.

나또한 그랬다. 유명한 사람은 프로필 읽어줄 필요 없이 이름만 대면 다 아는 반면에 나같이 무명한 사람은 프로필을 통해 홍보를 해야 하니 별의별 자랑거리를 다 적어 놓았다.

어쨌든 강단에 오른 목사님이나 직분자는 "오늘 모신 강사님은 참 유명한 분이십니다"라며 운을 떼신 뒤 어느 학교에서 공부를 했고 어느 대회에서 무슨 상을 탔으며 교회에서 많이 부르는 노래의 작곡자이며 책도 발간한 저자이기도 하며 등등, 나를 대신해서 멋들어지게 자랑거리를 소개해주신다.

그런데 나이가 드니 솔직히 프로필로 내 자랑을 대신해 주시는 분들의 말씀을 들을 때 참으로 민망하다. '아이고, 이런 사소한 것도, 저런 별거 아닌 것도 내가 프로필에 넣었구나, 이제는 다 삭제해야지'라며 부끄러워하다 귀를 막고 그날 집회할 메시지를 머릿속으로 정리한다.

반면에 또 다른 초청이 있다. 서너 번 이상 나를 초청한 교회들이다. 그중 광주의 한 목사님은 지난 10년 동안 20회 정도 초청해 주셨다. 내가 생각해도 엄청난 횟수이다.

13년 전 미국에서 돌아와 드문드문 사역이 있을 때 지인의 소개로 목사님을 만났다. 무명하여 집회 초청이 없던 나의 사정을 알고 일부러 일을 만들어 초청하여 집회를 열어주셨다. 그러면서 우리는 집회든, 개인적 만남이든 서로를 알아가는 많은 시간을 가졌다. 지금은 사역과 인생의 멘토(Mento)로 가르침과 사랑을 받으며 교제를 해오고 있다. 이 교회에서 집회를 할 때도 목사님이 강단에 나가서 나를 소개한다. 그런데 소개방법이 다르다. 손에 프로필이 적힌 종이가 들려있지 않다.

강단에 오르신 목사님은 최근에 나와의 교제를 통해 느꼈던 심중 소회를 밝히며 내가 어떤 사람인지 경험한 것들을 성도들에게 열렬히 칭찬해주신다. 예를 들면 "장종택 목사님이 한 번씩 중보기도 문자를 보내면 이 분의 기도 철학을 알기에 정직하게 기도하지 않을 수 없다"라고 하며 사석에서 내게 표현하지 않았던 목사님 당신의 마음을 짧은 메시지로 나누신다. 그 칭찬을 들을 때면 내 마음에 감동이 샘솟고 '이렇게까지 중요한 존재로 나를 생각해주시는구나'라는 감격에 젖는다.

나는 두 종류의 칭찬에 관한 이야기를 했다.

첫 번째 예로 처음 방문한 교회에서 사회를 보시는 목사님의 칭찬을 받았을 때 나의 반응은 "프로필 내용을 줄여야겠다"라는 부끄러움과 민망함이 교차되었던 칭찬에 귀를 닫고 그날 메시지를 머릿속에서 정리하려 애써야 했다.

두 번째 예로 수십 번 방문한 교회에서 친한 목사님의 칭찬을 들었을 때 나의 반응은 "이분이 나를 이렇게까지 생각해 주셨구나"라며 감동했었다.

왜 나에게 던졌던 두 분의 칭찬에 대해 나는 각기 다른 반응을 보였을까? 그 이유는 이렇다. 한분은 나를 모르는 분이 내가 보내드린 프로필로 나를 소개하며 칭찬을 하신 것이고 다른 한분은 늘 나와 교제

를 해왔었던, 나를 잘 아는 분이 칭찬한 것이기 때문이다.

칭찬은 아는 만큼 하는 것이다. 상대방과 교제하고, 상대방을 겪어본 뒤의 칭찬이 의미 있다. 오래 교제한 사람일수록 상대방의 인격과 성품을 알기에 칭찬에 인색함이 없고 많이 겪어본 사람일수록 상대방의 습관과 행동, 배려 등의 칭찬이 상당히 구체적이다.

"Praise and worship"이라고 표현하는 예배가 그러하다. 원어적 내용은 건너뛰더라도 "Praise"라는 단어 그 자체가 "칭찬하다"라는 뜻이다. 예배는 자신이 교제하고 겪어본 하나님의 성품과 일하심을 구체적으로 칭찬하는 것이다.

> 여호와여 주께서 행하신 일로 나를 기쁘게 하셨으니
> 주의 손이 행하신 일로 말미암아 내가 높이 외치리이다 (시편 92:4)

이 시편 말씀은 일상 속에서 하나님이 손수 어찌 일하셨는지, 어떤 일로 나를 기쁘게 행하셨는지, 자신이 직접 겪었던 구체적인 사실들을 외치고 선포하는 것이 예배임을 알려준다.

그런데 삶 속에서 하나님을 가볍고 소홀히 여기며 그분과 아무런 교제와 소통 없이, 그분을 알기위해 어떤 시간도 내지 않았던 사람이 단지 주일 예배당에 나와 하나님 앞에서 자신의 삶과 무관한 가사로 노래하며 칭찬했을 때 들으시는 하나님 마음이 어떠할까?

아마도 나를 모르는 목사님이 건네받은 프로필을 읽어 내려가며 칭찬해 주었을 때 내가 느꼈던 감정과 비슷하지 않으실까?

우리의 칭찬에 감동하기는커녕 "네가 나를 얼마나 안다고 아는 척 고백하고 손뼉을 치며 칭찬을 하는 거니?"하시며 이스라엘 민족의 예배를 거부하신 하나님이 우리의 예배 또한 거부하시지 않겠는가?

> 너희가 내 앞에 보이러 오니 이것을 누가 너희에게 요구하였느냐 내 마당만 밟을 뿐이니라 헛된 제물을 다시 가져오지 말라 분향은 내가 가증히 여기는 바요 월삭과 안식일과 대회로 모이는 것도 그러하니 성회와 아울러 악을 행하는 것을 내가 견디지 못하겠노라 (사 1:12-13)

반대로 일상중 하나님과 동행하여 그분을 경험하고 교제하여 알게 된 하나님을 찬양할 때면 나를 잘 알고 계신 목사님이 나를 칭찬해주셨을 때와 동일한 감정으로 하나님이 이리 고백하시며 우리의 예배를 받으시리라 확신한다.

> 하나님이 너로 말미암아 기쁨을 이기지 못하시며 너를 잠잠히 사랑하시며 너로 말미암아 즐거이 부르며 기뻐하시리라 (습 3:17)

부끄럽게도 고백과 삶이 달랐구나

집회가 끝나자 주최 측에서 저녁 식사가 준비되어 있다고 알려주셨다. 알고 보니 안수 집사님 한 분이 나를 저녁식사에 초대하신 것이다. 그래서 담임목사님과 장로님 두 분, 그리고 호스트인 안수집사님과 함께 예약되어 있는 식당으로 이동하였다.

식사 도중 안수 집사님이 재미있는 이야기를 꺼내셨다.

"목사님, 요 며칠 전 제 인생에 실험을 하나 한 것이 있답니다."

"네? 실험을 하나 하셨다고요? 어떤 실험이었는데요?"

호기심을 가지고 여쭈었다.

"네 목사님, 하루 종일 예수님이 제 옆에 계시다고 매순간 의식하며 살아 봤답니다."

하루 종일 예수님과 동행했다니?

현실의 분주함에 쫓겨 주님을 의식 못하며 사는 우리에게 도전되는 실험이지 않은가?

멋진 이 실험 결과가 너무 궁금하여 여쭈었다.

"그래서 그 날 하루 어떤 실험 결과를 얻으셨는지요?"

"하하하 목사님, 그날 잠자리에 들기 전 하루를 돌아보았는데 주님을 매순간 의식하고 살았더니 너무너무 스트레스 가득한 날이었어요, 스트레스가 진짜 많이 쌓이더라고요"

예기치 못한 이 대답에 식사 중인 분들이 빵 터지며 "푸하하하", "낄낄낄" 파안대소했다.
우리는 아마도 "예수님을 의식하고 살아보니 하루가 은혜로 가득했다"는 대답을 기대했기 때문이리라.
호기심을 한껏 불러일으키는 이 대답의 이유가 더 궁금하여 "예수님이 도대체 어떤 스트레스를 주셨기에 이런 결과를 낳았는지요?"라고 여쭈었다. 그랬더니 그 날 삶을 상세히 설명해 주셨다.

안수집사님의 사무실이 큰 대로변에 있는데 출근하려면 왕복 4차선을 타고 오다 1차선으로 들어와 신호를 기다렸다가 유턴을 하여 대로변 사무실이 있는 지하 주차장으로 내려가야 한단다. 그날도 평소처럼 사무실을 가기위해 1차선으로 들어와 유턴을 하려고 하는데 문제가 생겼단다. 사실 이 장소는 좌회전만 허용되는 합법 유턴 장소가 아니었던 것이다. 합법으로 유턴을 하려면 1킬로미터를 더 운전해야 유턴 신호가 나온다고 했다. 그런데 평소처럼 불법 유턴을 하려는 찰라, 옆에 예수님이 계시다는 의식이 살아나면서 오랜만에 1km를 더 운전해서 합법 유턴을 했다고 하였다.
사무실에 갈 때마다 1킬로미터를 더 가서 합법 유턴하는 것은 시간도 기름 값도 허비하는 것이라 여겨 불법 유턴을 자행하다보니 죄의식은커녕 '다들 이렇게 살지 않나?'라는 생각에 무뎌져 간 자신의 모습을 보게 되었다고 고백했다.

오전에 사업상 운전을 많이 하는데 불쑥 자동차들이 끼어들면 습관처럼 욕설이 입에서 나왔었는데 그날은 때마다 옆에 계신 예수님이 의식되어 참고 참았단다. 이런 식으로 스트레스가 쌓이기 시작한 것이다.

안수집사님은 영화를 참 좋아하는 분이시란다. 그런데 영화관에는 가지 않으신단다.

"요즘처럼 경기 침체인 상황에 왜 돈을 내고 영화를 보고, 왜 굳이 영화관을 찾아가 시간을 낭비합니까?"라는 이유 있는 핑계를 대며 아들이 알려준 인터넷 주소로 들어가 현재 상영 중인 영화도 불법으로 다운받아 무료로 봐 왔었단다.

그날도 점심 식사 후, 개인 사무실에서 영화 <택시 운전사>를 보려고 컴퓨터 앞에서 마우스를 움직이고 있는데 옆에 계신 예수님이 불법을 행하고 있는 자신을 물끄러미 보고 계시는 것 같아 마음을 접었다고 하셨다. 이렇듯 하루 종일 주님을 의식하고 지내니 매순간 주님께 태클을 당하는 느낌이 들어 결국 "하루 종일 주님과 동행하였더니 스트레스였다"라는 고백을 하신 것이었다.

덧붙여 "목사님, 솔직히 저는 신앙생활하며 구원도 받고 싶은 동시에 세상 사람처럼 손해 보지 않고 편하고 넓은 길을 걷고자하는 욕심으로 살았더라고요. 두 마리 토끼를 다 잡으려고 세상과 주님께 양다리를 걸치고 살았던 저를 보게 되었답니다"라고 솔직한 고백을 나눠 주셨다.

자신을 정직하고 객관적으로 바라보며 인정하는 집사님의 모습에 감동하면서도 마음이 짠했다.

주와 같이 길가는 것 즐거운 일 아닌가 우리 주님 걸어가신 발자취를 밟겠네
한 걸음 한 걸음 주예수와 함께 날마다 날마다 우리 걸어가리 (찬송가 430장)

이 찬송을 안수집사님은 셀 수 없이 불렀을 것이다.

내가 매일 기쁘게 순례의 길 행함은 주의 팔이 나를 안보함이요
내가 주의 큰 복을 받는 참된 비결은 주의 영이 함께 함이라
성령이 계시네 할렐루야 함께 하시네
좁은 길을 걸으며 밤낮 기뻐하는 것 주의 영이 함께 함이라 (찬송가 191장)

빠른 템포의 이 찬송도 손뼉을 치며 자신의 고백으로 노래했을 것이다. 하지만 예배당을 떠나 세상 속에 살며 주와 함께 길 가는 것이 실제로는 스트레스였고 좁은 길을 걷는 것은 미련하고 불편하고 손해 보는 길이라 외면하고 무시한 안수 집사님의 삶이 바로 우리의 삶이 아니었을까?

"하나님만 사랑하고 하나님만 절대가치로 여기겠다" 고백해놓고 현실 앞에서는 돈과 성공, 세상 즐거움에 마음을 **빼앗겨** 하나님께 등 돌리고 살았던 사람이 바로 우리가 아니었을까?
고백과 삶이 다른 우리를 보시는 하나님의 마음은 어떠하셨을까?

인간의 외도하는 본성을 알고 계신 하나님이 호세아와 고멜을 통해 "용서하니 다시 돌아오라"는 메시지를 우리에게 주신 까닭을 생각해 보았는가?

구원 받았다면서 구원받은 자의 삶의 열매가 없다면, 신앙생활을 하면서도 예수의 향기가 나지 않는다면 예수님께서 하신 이 말씀을 심각하게 묵상해야 할 것이다.

어떤 사람이 여짜오되 주여 구원을 받는 자가 적으니이까 그들에게 이르시되 좁은 문으로 들어가기를 힘쓰라 내가 너희에게 이르노니 들어가기를 구하여도 못하는 자가 많으리라 (눅 13:23-24)

보편적인 죄

"죄 안 짓고 어떻게 잘 살아?"
"죄 안 짓고 어떻게 성공을 해?"
"죄 안 짓고 어떻게 부자가 돼?"
"죄 안 짓고 어떻게 큰 목회를 해?"
"금품 사용하지 않고, 정치하지 않고 어떻게 총회장을 해?"

언젠가부터 우리는 이렇게 자신을 위로하고 "타락한 세상을 살아내기 위해서는 죄를 지을 수밖에 없다"라며 체념하기 시작했고 죄에 대한 감각도 무뎌졌다. 그리고 너도 짓고 나도 짓고 우리 모두가 짓는 이 <보편적인 죄>에 대해 이야기하면 서로 불편하고 부담스럽고 자유하지 못하니 "이제 더 이상 이것들을 죄로 간주하지 말자"라며 서로에 대해 눈감아준다.

> 성경은
> "죄의 삯(대가)은 사망이다"(롬 6:23)라고 경고하는데
> 우리는

"잘 살기 위해서는
죄를 지을 수밖에 없다"라는
세상의 논리를 따른다.

부교역자만 20여명 되는 중대형 교회 집회에 초청받은 적이 있다. 집회 전 교역자실에서 차와 다과를 먹으며 잠시 쉬고 있는데 어느 목사님 한 분이 갑자기 USB를 번쩍 들고 일어서더니 "내가 최신 영화를 다운 받았는데 관심 있는 분?"이라고 외쳤다. 순간 각자의 책상에 앉아있던 여러 목사님들이 손을 들고, 일어서며 그 영상을 자신에게 달라고 반응하셨다. 그 와중에 내가 호기심 있는 어투로 여쭤었다.

"목사님, 그 영화 제목이 무엇인지요?"

"이거 구하기 힘든 영상인데요. 목사님도 드릴까요?"라며 영화 제목을 알려주었다. 그런데 그 영화 제목을 듣고는 깜짝 놀랐다. 왜냐하면 그 영화는 현재 극장에서 상영하는 영화였다.

그렇다면 지금 목사님의 손에 들려있는 영화 파일은 불법 다운로드로 받은 영상이 틀림없다. 목사조차 죄에 대한 의식이 흐려진 것을 보면 죄에 대한 기준치가 내려간 것이다.

너희는 이 세대를 본받지 말고 오직 마음을 새롭게 함으로 변화를 받아 하나님의 선하시고 기뻐하시고 온전하신 뜻이 무엇인지 분별하도록 하라 (롬 12:2)

실제로 IT 강국인 대한민국에서 영상과 음원을 불법 다운받는 것은 그리 어렵지 않다. 그리고 경제적으로 힘든 현실 속에서 암암리에 벌

어지는 불법에 동참하는 기독교인들은 이 <보편적인 죄>를 대수롭게 않게 여길 뿐만 아니라 삶의 전반적인 부분에 스며들어있는 타협과 편법, 불법, 속임수, 거짓말, 혼전 성관계와 동거, 부정행위 등의 <보편적인 죄>를 더 이상 죄로 여겨지지 않는다.

나는 이에 대해 탓하고 비난하거나 죄에 대해 판단하고자 함이 아니다. 죄악은 하나님과의 소통을 막아버린다. 죄악은 하나님의 임재를 누리지 못하게 한다. 죄악은 영적 양심을 마비시킨다. 죄악은 파렴치한 예배자로 만든다.

주는 죄악을 기뻐하는 신이 아니시니
악이 주와 함께 머물지 못하며 (시 5:4)

나는 이것이 두렵다.

죄로 인해 둔감해져 하나님을 의식하지 못하는 예배자, 여전히 종교활동은 왕성하지만 영혼은 사망으로 치닫고 있는 예배자, 죄를 인식하지 못하고 죄에 익숙해져 부끄러움도 없이 뻔뻔하게 예배하는 예배자, TV 프로그램처럼 실수 없고 화려한 종교의식 같은 예배를 해도 하나님이 받지 않으시는 예배, 하나님과 소통하지 못하는 이런 예배, 하나님의 무거운 임재를 느끼지 못하는 예배가 무슨 의미가 있겠는가?

회개하지 않고 하나님의 은혜와 복을 구하기보다 우리 죄악을 주님 앞에 낱낱이 아뢰고 그분의 긍휼을 구하는 것이 우선 아니겠는가?

하나님이여 내 속에 정한 마음을 창조하시고 내 안에 정직한 영을 새롭게 하소서 나를 주 앞에서 쫓아내지 마시며 주의 성령을 거두지 마소서 주의 구원의 즐거움을 내게 회복시켜 주시고 자원하는 심령을 주사 나를 붙드소서 (시 51:10-12)

둔감과
민감의
상호관계

죄에 둔감한 만큼 하나님께 둔감하고
죄에 민감한 만큼 하나님께 민감하다.

Episode 02

하나님과
돈 사이에서
줄타기하는 예배자

하나님과
돈 사이에서
줄타기하는 사역자

우리 인생의 희로애락이 무엇으로 시작되었나?
우리 인생의 희로애락이 무엇에 의해 조종 받고 있나?
그 희로애락의 중심은 돈인가?
돈 때문에 기뻐하고, 돈 때문에 분노하고
돈 때문에 눈물 흘리고, 돈 때문에 즐거워했나?

나는 어떠했는지 솔직해져보자.
사역도 사례비에 따라 마음이 다르고 그 열심이 달랐나?
성경에서 경고하는 돈도 섬기고, 하나님도 섬기는(마 6:24) 줄타기 사역은 하지 않았나?
성경은 오늘 아침에도 가르쳐준다.

여호와여 주의 은혜로 나로 산같이 굳게 세우셨더니
주의 얼굴을 가리시매 내가 근심하였나이다 (시 30:7)

시편 기자는 주의 은혜로 덮여 있을 때 자신은 견고했고 죄로 인해 주님과의 소통이 끊어졌을 때 자신은 근심하였다고 고백했다.
그렇다. 우리 인생의 희로애락은 주님으로 시작해서 주님으로 끝나는 것이다.
돈은 잡으러 가면 잡힐 듯 도망가지만 주님은 그저 당신 앞에 나아오는 자를 누구든 안아주신다.

이 얼마나 감사한 일인가?
주님만으로, 주님 때문에, 모든 그리스도인이 공평하게 만족한 삶을 누릴 수 있다는 사실이!

예배는
관계로 이루어진다

예배는 삶이며 삶은 관계로 이루어져있다.
그렇기에 예배는 4가지 관계로 구성되어진다.

첫 번째, 하나님과의 관계
두 번째, 예배 팀과 회중과의 관계
세 번째, 예배 팀원들과의 관계
네 번째, 예배인도자와 담임목사와의 관계

이 관계가 성숙되면서 예배는 깊어진다.

현대 기독교인들의 병폐

현대 기독교인들의 병폐는
"하나님께 은혜는 요구하면서도 그분의 간섭은 싫어한다"는 것이다.

기대감을 주는
예배 인도자

미국에서 거주할 때 회계사 사무실에서 같이 일했었던 집사님의 언니 이야기가 생각난다.

집사님의 언니 되시는 분은 모 교회 권사님이시다. 그 권사님이 섬기는 한인교회는 새벽 기도회를 마친 후, 참석자 모두 아침식사를 같이 하신단다. 아침식사는 권사님과 집사님들이 주중에 당번을 정해 돌아가며 섬기셨는데, 특별히 권사님의 곰탕 만드는 솜씨는 일품이어서 교회 내 소문이 자자했다고 한다. 참 재미있는 이야기는 미국에서 맛있는 한국식 곰탕을 먹는 것이 흔한 일이 아니기에 권사님의 당번 날이 되면 입소문이 퍼져, 그날 새벽 기도회에 참석하는 성도의 숫자가 눈에 띄게 늘어난다는 것이다.

'얼마나 솜씨가 좋으시기에? 목사님의 설교를 능가하는 음식솜씨?' 라며 키득키득 웃었던 기억이 난다. 지금 생각해보니, 이 권사님은 사람들의 '새벽 기도회에 대한 기대감'을 심어 주셨던 분이었던 것 같다.

내가 존경하는 예배 인도자가 있다. 오늘 아침에도 오디오(Audio)를 통해 그분이 인도하는 찬양을 들으며 하나님의 품 안으로 빠져들어 갔다. 그분이 인도하는 예배 음반들은 내게 항상 기대감을 준다. 같은 장소에서 함께 예배를 드리지 않음에도 불구하고 그의 목소리에 묻어있는 하나님을 향한 순결한 사랑과 헌신, 그리고 갈급함이 전해진다. 그의 목소리는 잔잔하지만 잠자고 있는 내 영혼을 흔들어 깨운다.

폭풍 속에서 두려워하는 나를 위해 위로하며, 광야 한가운데 목마름으로 힘없이 서 있는 내게 성령의 단비가 내리는 곳을 가리켜준다.

신기하게도 그분이 어떻게 하나님을 섬기는지, 그저 그의 노래를 듣는 것만으로도 알 수 있다. 또한 내가 힘든 상황에서 고전하고 있을 때에도 주님과 나 사이의 관계를 더욱 긴밀하게 연결시켜주는 고리 역할을 한다. 그의 노래는 마치 내가 처한 상황을 위해 기도하는 것처럼 들리기도 한다. 그래서 이분의 예배 인도에는 항상 기대감이 생긴다. 예배 인도자로서 부럽기도 하다.

그의 음악을 들으며 나 자신은 어떤 예배 인도자로 하나님과 사람들 앞에 서있는지 돌아보게 된다.

나는 과연 회중들에게 기대감을 주는 예배 인도자인가?

내가 예배 인도를 할 때 회중들이 하나님을 만나는데 방해나 걸림돌은 되지 않는가?

나의 예배인도가 회중들로 하여금 주님의 긍휼과 은혜의 누리는데 도움은 되는 것인가?

　예배 시간이 하나님을 만나는 소중한 시간으로 자리 잡게 회중들을 돕고 있는 것인가? 그리고 예배를 받으시는 하나님께 기대감을 주는 경건한 예배자인가?

　"너는 나의 눈길을 사로잡는 예배자란다. 있는 힘을 다해 부르는 너의 흥겨운 노래들은, 나로 하여금 춤을 추게 하지. 너의 삶이 고스란히 베여있는 정직한 고백과 눈물은 내 마음을 흔들어놓지. 네가 내게 나아오는 예배는, 널 창조한 나 자신을 자랑스럽게 만든단다. 너로 말미암아 기쁨을 이기지 못하며 너를 잠잠히 사랑하며 너로 말미암아 나또한 즐거이 노래하게 된다. 무엇보다도 너의 예배는, 날 황홀하게 한단다."

　참으로 하나님의 이런 고백을 듣는 예배자가 되고 싶은데, 회중들에게 예배에 대한 기대감을 심어주는 예배 인도자가 되고 싶은데, 그리 쉽지가 않다.

　기대감을 주는 예배 인도자는, 사람의 귀를 흔들고 만족시키는 멋들어진 말솜씨와 회중들의 감정을 들었다놨다하는 탁월한 음악적 능력에 있지 않고 말 한마디, 노래가사 한 구절에 정직하게 자신의 인격과 삶을 녹여내는 사람이다. 그리고 진정한 예배 인도자인 성령님의 손에 붙들려 민감하게 성령님의 인도하심을 따라가는 사람이다. 이러한 예배 인도자는 하나님의 임재를 갈망하는 회중들도 분별할 줄 알고, 예배 받으시는 하나님도 아신다.

> 우리는 우리를 전파하는 것이 아니라 오직 그리스도 예수의 주 되신 것과 또 예수를 위하여 우리가 너희의 종 된 것을 전파함이라 (고후 4:5)

예배 인도자는 무대나 강단에서 자신을 나타내고 자랑하는 사람이 아니라 하나님의 영광과 예수의 주 되신 것을 드러내는 사람이고 예배 인도자는 하나님을 섬기고 사람을 섬기는 사람이다.

기대감을 주는 예배 인도자가 되려면 무대나 강단에서 승부를 거는 것이 아니라, 삶으로 승부를 걸어야한다. 삶으로는 하나님도 회중도 섬기지 않고 단지 표현되는 예배자체, 눈에 보이는 사역에만 승부를 거는 사람은 오히려 예배의 걸림돌이 될 수 있다.

기대감을 주는
예배 인도자, 내가 평생 마음에 담고
걸어가야 할 주제이다.

예배의 주인이
제외된
선곡

내가 '주일 회중예배'를 준비함에 있어 가장 힘들어 하는 것은 예배에 적합한 노래를 선곡하는 작업이다. 오랫동안 예배 사역을 해왔고 예배에 대해 더 많은 시간을 투자하고, 공부하여 알아감에도 불구하고 선곡하는 작업은 여전히 가장 힘든 작업이다. 예배 인도를 시작한지 20년이 넘은 이제야 이론으로 배운 예배를 조금씩 경험하고 있으니 말이다.

그 동안 참 많은 실수와 예배에 대한 오해를 헤쳐 나오느라 고생했었다. 특별히 예배에 사용될 노래를 선곡(選曲)하는 작업은 정답이 없는 듯해서 더욱 힘들었다.

주일 오전 11시 회중 예배는 참으로 다양한 연령의 남녀노소가 참석한다. 각자의 음악 선호도와 경험해 온 음악적 배경은 천차만별이다.

대체로 찬송가에만 은혜 받는 70-80대 이상의 어르신들, 트로트 풍 전통가요 형식을 좋아하는 60대, 은혜 찬송을 좋아하는 50대 중년들, 강한 비트 사운드에 길들여져 있는 30~40대 장년들, 그리고 전자음

악인 EDM(Electronic Dance Music)을 즐겨듣고 몇 안 되는 유명 예배팀 음악에 은혜를 누리는 10대 청소년과 20대 청년부.

각기 다른 음악의 장르를 선호하는 모든 세대가 함께 모여 예배하는 시간에 찬양을 선곡하는 일은 정말 힘든 작업이다. 솔직히 이 다양한 회중 모두를 만족시킬 선곡을 한다는 것은 주님 다시 오실 그날까지 풀리지 않는 수수께끼일 것이다.

나는 선곡에 대한 회중들의 불만을 최소화 시키려 노력했었고 나의 예배콘티 작성법은 지극히 이성적이면서도 상식적인 방법을 적용시켰다.

주일 예배 콘티에 대한 부담은 목요일부터 조금씩 시작되며 그날부터 인터넷에 들어가 알려져 있는 여러 예배팀의 주중 예배모임을 둘러본다. 예배하기 위함이 아니라 요즘 어떤 노래들이 많이 불리고 있는지 알기 위해서다. 그리고 유행하는 노래의 악보를 찾아내 노래의 길이(마디 수가 적은 노래에 회중들의 적응 속도가 빠르다)을 알아보고 빠르기가 같은 노래와 같은 코드의 곡은 연결시키기 쉬우니 간주 없이 사용할 수 있는 장점이 있는 곡들을 골라낸다. 그리고 곡과 빠르기는 같지만 코드가 다른 곡은 기교 있는 음악적 조옮김도 해줘야한다. 남자 예배 인도자일 경우 남성에게는 무리가 되지 않는데 음역대가 다른 여성에게는 무리가 가는 노래가 있기에 모두가 불편함을 느끼지 않는 Key를 정한다.

특별한 교회행사가 있는 주일을 제외하고는 보통 선곡할 때의 나의 초점은 목사님이 선호하는 노래(소위 목사님의 18번 찬양)와 예배에 사용되는 노래에 대해 민감한 반응을 보이는 몇몇 장로님들과 성도들에게 먼저 맞춘다. 예배 후, 지적 같은 조언을 망설임 없이 하시기 때문에 선곡할 때 그분들이 생각나는 것은 어쩔 수가 없다. 그분들이 소화 할 수 있는 곡들, 그분들이 즐겨 부르는 곡들에 우선순위를 둔다. 그 다음 찬송가와 복음성가의 구분을 확연하게 짓는 분들을 위해, 적어도 찬송가 30%, 그 외 예배 곡 70%의 비율을 맞춘다.

그래서 선곡에는 많은 시간이 소요된다. 종종 회중예배를 인도해야 할 당일까지 곡들이 정해지지 않아 초조해 했던 적도 있었고, 정해졌다 해도 상황에 따라 순식간에 곡이 바뀌는 일도 비일비재했다.

그 다음 단계로, 노래의 적당한 조옮김으로 회중들에게 노래에 대한 지루함을 잊게 하는 기술적인 방법, 곡의 전주를 새롭게 만들어 본다거나 곡과 곡사이 서로 자연스럽게 이어지게 하기 위한 코드 진행 등에 많은 시간을 썼다. 즉, 흐름이 끊어지지 않을 매끄러운 진행을 위해 음악적 기교면에도 신경을 많이 써왔었다.

이런 방식으로 예배에 사용될 노래 선곡과 리허설을 준비했었지만 주의 은혜 속에서 주어지는 영의 갈급함의 해소와 자유함, 그분의 임재 안에서 가지는 친밀한 교제에 대한 기대는, 예배하는 중에 풀어내려고 애써왔다.

그러다가 이런 내 선곡방법이 바뀌는 사건이 일어났다. 예배 준비에 대한 나의 개념을 뒤집어놓았던 그 생생한 기억을 잊을 수 없다.

평소와 다름없이 목요일부터 인터넷을 둘러보고 예배에 사용될 곡을 준비하고 기도하던 중 내면 깊은 곳에서 나지막한 울림이 있었다.

'예배를 받으시는 분, 예배의 주인 되시는 분은 누구라고 생각하니?'

나는 주저 없이 '주님이십니다' 라고 대답했다.

'그렇다면 너의 예배 선곡에
주님의 의중과 뜻은 어디에 있니?'

그때 알았다. 예배의 주인이신 그분의 의견은 내 선곡의 어느 곳에도 반영되지 않았다. 선곡에 반영된 것은 사람들의 취향과 의견과 음악적 기교, 그리고 사람들의 예배 후 반응뿐이었다. 내 안의 울림은 예배의 주인이신 하나님이 당신이 준비시키는 노래와 말씀을 통해 일하신다는 사실을 알려주신 것이다. 단 한 사람을 위해서 말씀을 주시기도 하고, 단 한사람의 마음을 만져주기 위해 노래를 사용하신다는 주님의 마음을 알았다면 예배 인도자라는 직분을 가진 나는 하나님의 생각과 마음에 꼭 들어맞는 노래를 준비해야함이 마땅하다.

깨달음의 가치는 행동으로 옮겼을 때 드러난다고 평소 외쳤던 나는 이 사실을 깨닫는 순간 예배의 주인이신 하나님의 마음과 생각을 알기위해 개인예배를 시작했다.

물론, 아직도 하나님의 음성을 확연하고 정확하게 듣고 곡을 선택하는 것은 아니지만, 이 교훈을 받은 뒤 선곡은 나의 개인 예배를 통해 하나님의 마음을 먼저 느끼고, 그분의 의도를 분별하고 따르려고 애쓰며 이루어진다.

말씀과 기도로 주께 나아가 그분이 원하시고, 듣고 싶어 하시는 곡에 대해 묵상하고 그분께 여쭙는다. 악기를 연주하며 생각나게 하시는 노래를 부르게 될 때면 어느새 나는 성령의 손에 이끌려 깊은 예배로 빠져 들어간다. 주께서 주시는 자유를 누리며 기쁨 속에서 찬양하게 되고, 그분의 성품과 행하셨던 놀라운 일들을 기억하여 노래하고 소리치며 뛰기도 한다. 내 개인예배에서 빠질 수 없는 춤도 그분 앞에서 춘다.

시간이 지나면서 말씀을 도구 삼아 나를 깨트리시기도 하고 돌이키시기도 하는 주의 손이 나를 만지신다. 내 영혼 안에 구원의 기쁨을 회복시키시며 함께 예배드리는 회중을 생각나게 하시니, 그들의 삶의 예배를 위해 중보기도하게 된다. 그런 중에 하나님은 당신의 마음과 생각을 드러내는 노래를 보여주신다. 그렇게 하나님의 마음이 담긴 노래를 미리 부르며 개인 예배를 한다. 그 노래들이 회중예배에 사용될 노래로 선곡된다.

어떤 때는 한번 드려지는 개인 예배로 선곡을 마치기도 하지만, 대부분 월요일에서 금요일까지 드려지는 개인예배를 드리며 선곡한다. 물론 나의 개인 성향으로 준비된 선곡을 하나님이 준비해 주신 노래라고 주장하는 것은 아니다. 나또한 여전히 인터넷을 통해 정보를 얻기도 하고 다른 예배 모임에 가서 선곡에 대한 도움을 얻기도 한다.

분명한 것은 내가 품은 마음이다.

골방이 없으면 열방이 없는 것처럼
개인 예배와 삶의 예배가 없으면 회중 예배도 없다

이 공식이 내 삶에 정착되어간다.

사역에는
유혹이
참 많다

　사역을 하다보면 유혹이 참 많다. 특히 같은 날짜, 같은 시간의 집회 초청이 들어오면 어쩔 수 없이 마음이 흔들린다. 집에서 이동 거리가 먼 교회보다 피곤하지 않을 가까운 교회가 좋다. 사례비도 많고 책과 음반이 많이 팔릴 것 같은 규모가 큰 교회가 작은 교회보다 좋다. 하루 2번의 집회를 가질 수 있는 동선이 짧은 교회가 좋다. 이런 유혹과 타협들에 흔들리지 않으려고 나름의 사역 철칙을 만들었다.

　오늘 가는 40명쯤 모인다는 전남 노화도(蘆花島) 집회는 우여곡절을 겪었다. 노화도는 해남 땅 끝 마을보다 더 먼 섬이다. 지도를 보니 내가 사는 동두천과 노화도는 우리나라의 최북단과 최남단에 위치한다.

　기차타고 광주에 와서 하룻밤을 잤다. 그리고 아침 일찍 광주에서 버스를 타고 땅 끝 마을까지 가서 다시 배를 타고 노화도로 들어갔다. 너무 먼 노화읍교회의 주일 오후 집회는 도저히 당일 이동으로는 맞춰 갈 수 없어 2박 3일의 시간을 내야했다. 공교롭게도 노화도 사역이 잡힌 후 서울과 수도권에 위치한 교회에서 사역문의가 왔다.

　'이것저것 가리고 따지지 않고 선약 우선'이라는 나의 사역 철칙에 따라 다른 교회의 초청들을 거절하였다.

인간적인 생각으로는 솔직히 아쉽더라. 집과 가까운 서울과 수도권 지역이어서 좋았고, 규모가 큰 교회들이라 사례비도 괜찮을 테고 무엇보다 동선이 짧은 두 교회에서 초청해주었기에 하루에 두 번의 집회를 할 수 있는데 굳이 이 먼 곳, 시골 조그만 노화도 교회를 오늘 가야하나?

이런 생각이 스멀스멀 내 안에 잠입할 때, 인간적인 계산을 툴툴 털어내며 사역 철칙을 붙잡았다. 지금까지 이리 살려 애썼으니 그나마 주님께서 내치지 않으시고 사역의 기회를 주신 것이라 믿는다. 그리고 이런 유혹과 타협에 대한 고민은 나를 자세히 살피어 정화시킨다.

옳은 사역은 회중보다 자신이 먼저 살아내도록 몸부림치고 도전하지만 그릇된 사역은 정작 자신은 죽어가면서 회중에게 살아나라 도전한다.

나는 수많은 유혹과 타협의 올무에서 벗어날 그 날이 올 때 까지 나 자신과 치열하게 싸울 것이다.

진짜 목사를 만났다

어젯밤, 중고등부 연합 집회를 마친 뒤, 가져간 음반과 책이 순식간에 다 팔렸다. 음반을 못 샀다고 속상해 발을 동동 구르는 학생들은 생전 처음 봤다. 왜냐하면 일반적으로 아이들은 음반을 구입하지 않고 온라인 음악서비스를 통해 음원을 듣기 때문이다.

하룻밤을 보내고 아침 수련회장을 떠나려는데 목사님 한 분이 나를 찾아오셨다. 그 분의 두 손에는 내 CD가 한가득 들려있었고 각 음반에 사인(autograph)을 부탁하셨다.

모두 열일곱 장이다. 참 많이도 구입하셨다. 알고 보니 참석한 자신의 교회 아이들 숫자에 맞춰 구입하신 것이었다. 목사님과의 짧은 대화를 통해 목사님들이 은혜 받은 아이들에게 선물로 주려고 몇몇 목사님들이 대량 구입하셨다는 것이다. 어제 집회 후, 음반이 바로 동이 난 이유였다.

"목사님, 그냥 사인만 할까요? 아니면 아이들 이름을 써서 사인을 할까요? 그런데 이 많은 아이들의 이름을 다 아시는지요?"라고 묻자마자 목사님은 조금의 지체함도 없이 반사적으로 대답하셨다.

"아, 그럼요. 다 알지요. 제 아이들인데요!"
이 한마디가 어찌 이리 가슴 찡하게 만드는 지…
"함께 사진 찍을 수 없냐?"고 정중히 부탁드렸다.

그래, 진짜 목자는 자기 양들의 이름을 다 알고
양들도 그 목자를 안다 (요 10:11-15)

주님이 맡기신 아이들에게 자신의 것 내어주는 목사님의 웃는 얼굴에 자기 양들을 위해 목숨을 버리신 선한 목자, 예수님 얼굴이 쓰윽 지나갔다.

진짜 집사를 만났다

전남 구례 순천 남노회 수련회를 마치고 곡성으로 넘어왔다.

조금 일찍 도착한 관계로 시원한 나무그늘 아래에서 청소년 담당 교역자와 대화를 하다 울컥 올라오는 눈물을 참느라 애먹었다.

이번 수련회에 외부강사인 나와의 일정을 맞추는 것이 힘들었다 하셨다. 원래 어제, 화요일 저녁 순서로 초청을 하려 했는데 이미 내 스케줄이 잡혀 있어 부득이 수요일로 옮겨야했었단다. 그런데 문제는 만약 오늘 수요일 저녁 집회로 나를 초청하게 되면 교회 수요예배 때문에 버스를 사용하지 못하게 되고 그렇게 되면 수업 마치고 집회장소로 와야 할 아이들이 참석치 못하는 상황이 되어 버린다는 이야기였다. 좀 더 구체적으로 설명하자면 화요일, 수요일 이틀 중 하루만 참석할 수 있는 고등부 아이들이 많아 외부 강사의 순서에 맞추어 참여하게 하려 무척 애쓰셨단다.

화요일 내가 온다면 아이들에게 화요일을 선택하도록 하여 교회버스로 다 데려올 수 있지만 수요일로 정해진 오늘, 교회버스는 수요예배에 사용해야하기에 아이들을 데려올 방법이 없는 것이다. 이런 상황에서 아이들에게 꼭 들려줘야 할 영적 도전과 먹여야 할 양식이라 생각한 부장 집사님이 자신의 지갑을 털어 버스 한대를 빌렸단다. 지금 그 버스로 아이들을 태워 데려오고 있다는 감동적인 이야기를 해주신 것이다.

초청한 강사의 메시지를 아이들로 듣게 하기 위해 버스를 빌린 부장 집사님 이야기.
아, 이런 분이 계시구나! 진짜 집사를 만나니 나도 이리 좋은데 우리 예수님은 얼마나 좋으실까?
아이들에게 행한 집사님의 섬김을 보고 예수님께서 분명 이렇게 말씀하셨을 것이다.

임금이 대답하여 이르시되 내가 진실로 너희에게 이르노니 너희가 여기 내 형제 중에 지극히 작은 자 하나에게 한 것이 곧 내게 한 것이니라 하시고 (마 25:40)

들통이 나야
형통이 흐른다

자신의 영적 게으름 때문에 분노한 적이 있는가?
하나님 아는 지식이 부족하여 자신에게 부끄러워 해 본적이 있는가?
페이스북이나 인스타그램에 남긴 자신의 글에 찍히는 "좋아요"보다 하나님에게 더 관심 가진 적이 있는가?
핸드폰을 하나님 보다 더 가까이 여기는 자신을 보며 어이없어 한 적이 있는가?

쾌락을 사랑하기를 하나님 사랑하는 것보다 더하며 (딤후 3:4)

살아있는 척하나 영이 죽어있는 신앙인
하나님을 사랑하는 척하나 쾌락을 더 사랑하는 종교인
하나님보다 일을 더 사랑하는 사역자

경건의 모양은 있으나 경건의 능력은 부인하니 (딤후 3:5)

그대 진정 살기를 원한다면 자신을 너그럽고 관대하게 여기는 이 악하고 못된 습관에서 벗어나라.

인생의 형통을 원한다면 반드시 자신이 누구인지 하나님께 들통 나기를 즐거이 하라.

정신 바짝 차리도록 자신에게 거룩한 분노를 내어라.

사역을 예배라 생각지 말라.

고민과 걱정을 기도라 생각지 말라.

그저 주님께 나아가는 개인 시간을 가져라. 그리고 그분의 마음을 알길, 그분의 뜻을 알길 갈망하라.

주님의 마음도, 주님의 뜻도 모르면서 그분 아는 척 섬기다가는 자신의 생각으로 그분을 관리하다보면 곧 그분께 내침을 당한다.

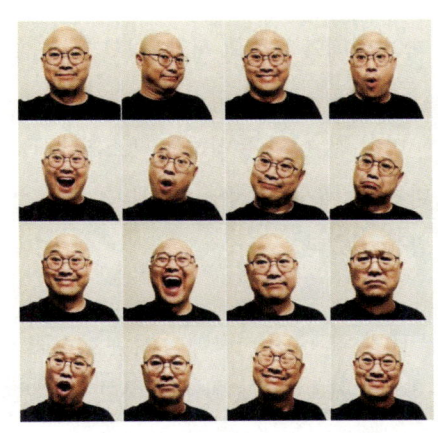

장종택,
너
내 말
잘 듣고 있니?

내가 나를 위하여 충실한 제사장을 일으키리니 그 사람은
내 마음, 내 뜻대로 행할 것이라 (삼상 2:35)

Episode 02_ 하나님과 돈 사이에서 줄타기하는 예배자

사용하지 않으면
빼앗긴다

최근 몇 달, 몰아치는 사역과 두 장의 앨범 작업, 그리고 방송일로 하나님과 개인적인 교제를 갖는 묵상시간이 거의 사라져버렸다. 그러다 지난주, 잊고 살았던 개인 예배의 부재에 대한 사실을 심각하게 인식했고 돌이키지 않으면 분명 하나님이 행동을 취할 것이라는 두려움이 엄습했다. 그럼에도 불구하고 계속되는 사역과 일로 두려움은 잊혔고 개인 예배와 묵상의 시간은 또다시 미루어졌다.

며칠 전, 나와 동역하는 데스퍼레이트 밴드 멤버 중 한명이 모임을 마친 후 내게 "목사님, 목사님의 어쿠스틱 기타 저 주세요"라고 불쑥 말을 건넸다.

내가 일 년 전 미국에서 사온 414CE 테일러 어쿠스틱 기타였다. 한국에서 가격이 300만 원대이고 예배인도자들이 가장 선호하는 기타이다. 내가 예배 인도할 때 사용하는 아끼던 그 기타를 내 상황을 누구보다 잘 아는 그 형제가 달라고 했을 때 쩌렁쩌렁한 하나님의 목소리로 들렸다.

> **넌
> 사용하지 않으니
> 필요한 사람에게
> 넘겨라!**

　나는 "결국 올 것이 왔구나!"라는 생각에 아내의 허락을 받고는 이유도 묻지 않고 형제에게 기타를 넘겼다. 사용하지 않으면 그것을 빼앗아 필요한 사람에게 몰아주시는 하나님의 성품을 다시 한 번 뼛속 깊숙이 경험했다. 성경에 나오는 "달란트 비유"(마 25:14-30)도 알고 "하나님의 경고"도 받았지만 이를 무시한 나는 값비싼 대가를 치렀다.

　늦었지만 이번 주부터 교회 비치용 기타를 잠시 빌려 다시 개인 예배를 시작했다. 부와 명예도, 그리고 돈과 재능도 올바로 사용하지 않으면 이렇게 다른 사람에게 넘기시는 하나님 앞에 두려움으로 나아간다.

Episode 03

영적
불편함

영적 불편함

아침에 일어나 환기시키려고 창문을 여니 기다렸다는 듯이 신선한 바람이 내 코끝을 스치며 후다닥 거실로 들어온다.

"아침 공기 냄새가 참으로 좋구나!" 하는 사이, 밝은 햇살도 실내로 황급히 뒤따라 들어온다.

돌아보니 깊게 들어온 햇살로 어느새 거실이 환해졌다. 그런데 그 밝은 햇살에 들킨 먼지들이 온 사방으로 춤추고 있는 것을 보고 깜짝 놀랐다.

그래, 먼지는 창문을 통해 신선한 바람이나 밝은 햇살이 데리고 온 것이 아니었다. 내 눈의 제한성 때문에 보지 못했을 뿐, 먼지는 언제나 거실을 채우고 있었던 것이다.

하나님은 빛을 창조하신 분이다(창세기 1:3).
또한 성경은 하나님을 빛으로 상징한다(시 27:1, 요일 1:5).
하나님은 햇빛과는 비교할 수 없이 밝아, 모든 어두움을 물러가게 만드시는 거룩한 분이다.
예배는 거룩한 그분이 임재 하는 시간이다.

불완전한 우리가 완전한 하나님의 임재 앞에 서는 시간이 바로 예배 시간이다.

우리가 주님 임재하시는 예배에 나아가게 되면 어떤 일이 벌어질까? 찬란한 주의 거룩한 빛이 우리를 조명하여 우리 안의 죄악들을 낱낱이 드러나게 될 것이다. 햇빛에 의해 먼지가 드러나는 것과는 비교할 수 없을 정도로 보지 못했고 잊고 있었고 죄라 인식조차 못했던 수많은 죄악들이 까발려질 것이다.

죄악을 범한 아담이 하나님 앞에 서는 것이 심히 두렵고 무서워 숨었던 것처럼 진짜 하나님이 임재하는 예배에 나아가면 우리는 드러난 죄악 때문에 영혼이 불편할 수밖에 없다. 그렇기에 예배는 우리의 영적 불편함에서 시작되어야한다.

그런데 예배에 임하는 우리에게 과연 이런 영적 불편함이 있는 것일까? 영적 불편함을 느끼지 못한다면 무엇 때문일까? 그 이유는 죄악으로 인해 우리의 영적 신경세포가 둔감해졌거나 죽었기 때문이다.

악한 일에 관한 징벌이 속히 실행되지 아니하므로
인생들이 악을 행하기에 마음이 담대하도다 (전도서 8:11)

이와 같이 영적 신경세포가 하나, 둘 죄악으로 덮여지면서 둔감해지다 "이게 뭐가 죄란 말인가? 다들 이러잖아"라는 죄에 대한 무감각을 뛰어넘어 죄악에 담대해짐으로 하나님의 임재를 느끼지 못하는 것이리라.

> 주는 죄악을 기뻐하는 신이 아니시니
> 악이 주와 함께 머물지 못하며 (시 5:4)

거룩하고 찬란한 주의 빛이 예배에 임한 우리를 조명하여 낱낱이 우리안의 죄악을 까발리는데 불완전한 우리가 어찌 두려움 없이 편히 전능하신 주님을 맞이하겠는가?

이렇듯 영적 불편함을 느낀다는 사실은 우리의 영혼이 실낱만큼이라도 살아있음을 알려주는 증거이며, 회개를 통한 영적 불편함의 해소는 주님과의 깊은 친밀감으로 들어가게 이끄는 통로인 것이다.

예수님보다
더 당기는
커피?

아침에 커피 한잔 마시지 않으면 기력이 떨어지고 기분이 올라오지 않는다며 꼭 커피를 찾는 분이 있고, 당이 떨어지면 손이 떨리고 집중이 안 되며 피로감이 급속도로 밀려온다고 초콜릿과 사탕을 급히 찾아 먹는 분이 있다.

그렇다면 '나 무엇과도 주님을 바꾸지 않으리', '주 예수보다 더 귀한 것은 없네'라고 수없이 고백해왔던 우리는 아침 말씀 묵상하지 않아서, 기도하지 않아서 무기력해지니 "당장 주님 뵈러가야겠다", 찬송을 부르지 않아서 기분이 처지니 "바로 찬양을 틀으며 노래해야겠다!"라고 하나?

혹시 우리가 커피 한 잔 보다 못한 예수님, 당분덩어리 초콜릿보다 못한 예수님으로 여겼다면 우리를 당신의 1순위로 여기는 예수님의 마음은 어떠하실까?

> 나를 존중히 여기는 자를 내가 존중히 여기고
> 나를 멸시하는 자를 내가 경멸하리라 (삼상 2:30)

주의 백성이며 주의 자녀인 내가 그리스도인이라면 적어도 커피보다 예수님이 먼저 생각나야하고 초콜릿보다 예수님이 더 가까이 있어야하지 않을까?

꿀보다 더 단 그분 담긴 말씀을 맛본 후, 향긋한 커피를 찾아도 늦지 않을 듯 영도 기운을 얻고 마음도 좋아져 생명력과 기분은 업(up)될 것이 분명할 터.

세상 그 무엇보다
예수님이 당기는 하루를
시작하자!

주님께
의미 없는
사역

노래를 만든 사람은
자신이 고백한 가사대로 살아내야 하고
설교를 한 사람은
자신이 전한 설교대로 살아내야 한다.

회중에게 성품을 바꾸고 삶을 바꾸라 말하기 전에
사역자 자신이 먼저 살아내어 바뀐 모습을 보여야한다.

좁은 길 걸으며 갖게 되는 여러 사연들과
영적 몸부림 가득한 삶이라는 정직한 내용물이 없는
노래와 설교에는 성령님도 회중도 반응하지 않는다.

이것을 다 아시는 성령님은 집회를 통해 일하지 않으시고,
이것을 다 느끼는 회중은 집회가 끝나도 어제와 똑같은 삶을 산다.
그래서 사람들은 자조 섞인 말로 중얼거린다.

"아무리 예배하고 집회에 참석해도
 사람 진짜 안 바뀐다!"

"내가 저 분, 아주 오랫동안 봐왔었지만
바뀐 게 있다면 직분뿐이야!"

회중이 변하지 않고 성령님이 일하시지 않는 사역
무엇보다 나 자신이 변하지 않는 사역은
주님께 아무런 의미가 없는 것이다.

모순

"하나님, 내 삶의 주인이 되어주소서,
모든 부분, 모든 순간 개입하시고 우리를 다스려주소서"라며
예배중 하나님의 임재를 절박하게 갈망하면서도

"하나님, 제가 알아서 할 테니 제 삶에 간섭하지 않아주셨으면,
죄 지을 땐 부담스러우니 하나님이 없었으면"이라며
일상중 하나님의 부재에 대한 미련을 떨쳐버리지 못한다.

이렇듯 감격의 눈물과 뜨거운 열정으로 하나님을 만나고자 하는 영적
(靈的)갈망과 놓칠 수 없는 세상 쾌락과 죄의 유혹을 따라가는 육적(肉的)
중독 중 어느 것도 포기하지 못한다.

그러나 하나님의 다스림이 있는 거룩한 공간과
자신만이 은밀히 즐기는 죄악의 공간이 공존하는 한,
온전한 하나님의 임재를 누릴 수 없다.

아무도 두 주인을 섬길 수 없다.
그렇게 되면 한편을 미워하고 다른 편을 사랑하든가
아니면 한편에게는 충성을 다하고 다른 편은 무시하게 될 것이다.
너희는 하나님과 재물을 함께 섬길 수 없다 (마 6:24 현대인의 성경)

이것을 아는 나는, 내 삶속에 거룩한 공간을 넓혀가야 한다.
거룩한 공간이 넓어지면 넓어질수록 반드시 죄악의 공간은 좁혀지게
되니 말이다.

하나님의 임재는
회중 예배시간을 통해 경험하는 제한적인 것이 아니라
삶의 전 영역을 통해 경험되어지는 무제한적인 것이다.

나의 불리한 조건들이
나를 살게 한다

초청 집회로 교회를 방문했을 때 본의 아니게 목회자들과 직분자들 그리고 회중들께 불편함을 주는 것이 나의 외적 모습이다.

빡빡머리 목사
모자 쓴 목사
티셔츠나 남방에 청바지
그리고 운동화 신은 목사

이런 것들은 한국에서 '목사'라는 직분의 고정관념에 어울리지 않는 외적 모습이다.

빡빡머리 스타일을 갖게 된 이유는 불행히도(?) 탈모가 오랫동안 진행되었기 때문이고 모자를 쓴 이유는 빡빡머리의 두피가 추위에, 더위에 약하고 민감하여 고통이 신경에 바로 전달되기 때문이며 티셔츠와 청바지를 입는 이유는 마음껏 움직이며 예배하는데 편리하기 때문이며 마지막으로 운동화를 신는 이유는 오랫동안 뛰며 예배하다 생겨버린 뒤꿈치 통증인 족저 근막염 때문이다.

하지만 선입견은 참으로 무섭다. 나를 처음 보는 순간, 이런 이유들을 묻기도 전에 '목사는 이러이러해야 한다'라는 자신의 고정관념에 벗어나면 상대방에게 이유를 묻기 전에 바로 마음의 문을 닫는 분들이 계신다. 실제로 한두 시간의 집회현장에서 이러한 선입견과 고정관념을 깨고서 집회에 참석한 회중들의 마음 문을 여는 것은 상당히 힘들다. 그렇기에 내가 가지고 있는 이러한 불리한 조건들이 평소 나로 하여금 더 많은 노력을 하게 만든다.

사역에는 하나님이 부여하시는 영적 권위 즉, 말씀과 기도의 권위가 필요하다. 그러기위해 메시지 내용은 충분한 묵상과 삶의 적용을 통해 먼저 은혜를 누리고 경험하려 애쓴다. 그리고 본문 말씀뿐만 아니라 그 메시지에 연관된 성경 말씀들도 다 암송하기 위해 어디서든, 무슨 일을 하든 계속 읊조리며 끊임없는 훈련도 하고 있다.

또한 회중에게 예배의 걸림돌이 되지 않기 위해 나의 핸디캡인 비본질에 눈이 어두워지고 본질인 말씀에만 눈이 밝아지길 기도하며, 회중의 마음을 여시어 그들에게 영적 도전을 주시고 삶의 변화를 결단케 하게 하시는 성령님이 일하시길 절박하게 기도한다.

돌아보면 이런 나의 연약함과 외적 열등감이 오히려 하나님을 더욱 의지하게 만들었다. 당대 최고의 학자들이라 자부했던 산헤드린 공회원 앞에서 학문은커녕 어떤 정규 교육조차 받지 않았던 베드로가 오직 성령을 통하여 오묘한 주의 말씀을 담대하게 전했던 성경 말씀(행 4:13)이 나로 하여금 말씀 가까이 머물게 하셨다. 감히 나 같이 부족한 사람을 세워 사용하시는 하나님의 긍휼하심을 깨달으니 회중 앞에서 교만을 떨 수 없었다.

내가 부득불 자랑할진대 나의 약한 것을 자랑하리라 (고후 11:30)

사도 바울의 이 위대한 고백에 근접조차 못할 나 자신이지만 약한 것으로, 부족한 것으로 주의 강함과 영광을 드러내게 되니, 내게 있는 핸디캡은 오히려 성실하고 겸손함으로 사역하게 만드는 큰 복임을 확신한다.

연약하고 단점이 많으니 주님만 의지하게 되고
　　　　회중보다 못한 모습이니 겸손할 수밖에 없으니
나의 이 모든 불리한 모습이 나를 살게 만든다.

죄송합니다
그리고
미안합니다

하늘이 열린 듯 쏟아 붓는 폭우를 뚫고 집회 장소에 도착했다.

우산을 들고 나와 주차를 도와주시던 중년의 전도사님이 "오늘 폭우가 와서 오전 11시 예배 때도 예상보다 성도님 숫자가 많이 줄었어요. 근데 방금 주차장에 나와 보니 아까 오전 예배 때보다 자동차도 없네요. 목사님을 어렵게 초청했는데 어쩌죠?"라며 안타까움을 전해주셨다. 전도사님은 곧 나를 교회식당으로 안내하셨고, 기다리시던 담임 목사님과 점심 식사를 함께 했다.

잔칫상같이 정성스럽게 차려진 밥상을 목사님과 함께 나누는데 시간이 흐를수록 마음에 불편함이 커졌다. 왜냐하면 식사 도중 나누었던 대화의 내용 때문이었다.

목사님은 당신이 섬기는 교회를 아주 자랑스러워하셨고 이런 교회를 섬기는 자신의 자부심도 대단하셨다. 교회 역사를 이야기하면서 "이 교회는 노회장과 총회장을 몇 명 배출했었고 많은 장로들이 노회와 총회의 총대와 임원직을 맡은 복된 교회"라 하시며 "이런 축복받은 교회에 와서 집회를 하시니 이후 더 큰 목사님, 더 유명한 목사님이 될 거라"라는 내 생각과 다른 복의 개념을 말씀하셔서 표정관리조차 힘든, 불편한 식사 시간이었다.

집회 시간이 다가와 교회 본당으로 들어갔다. 그런데 대 반전이 일어났다. 회중들이 본당을 가득 채운 것이다. 날씨도 궂었고, 오전 11시 예배보다 적게 모이는 오후 2시 예배라는 선입견 때문에 모이는 숫자에 대한 기대는 하지 않았는데 "다른 교회에서 오신 분들이 계시냐?"라고 질문을 던질 만큼 많이 오신 것이다. 무엇보다도 새벽이슬 같은 귀하고 아름다운 청년들이 일사분란하게 예배를 준비하며 예배당 앞자리를 가득 채워주어 마음이 더욱 좋았다.

이리 좋은 마음으로 강단으로 올라갔는데 아뿔싸, 또 다른 반전이 나를 기다리고 있었다. 오늘같이 악조건에도 불구하고 예배에 참석한 회중들이라면 분명 얼굴에 열정과 기대감으로 상기된 환한 표정일거라 기대했다. 그런데 비 오는 바깥 날씨의 잿빛하늘처럼 회중의 얼굴은 우울하고, 무겁고 굳어있었다. 점심도 불편하게 먹은 데다가 회중의 얼굴을 보니 불편함은 더 커졌다.

이 분위기를 바꾸기 위해 회중들에게 도전을 했다.
"조금 전 여러분은 "살아계신 주, 나의 참된 소망 걱정근심 전혀 없네"라고 찬양팀과 함께 노래하지 않으셨습니까? 샘솟는 기쁨의 원천인 예수 그리스도를 우리가 품고 있다고 고백하지 않으셨습니까? 그 고백들이 사실이라면 우리 얼굴에 환한 웃음으로 증명해내야 하지 않겠습니까? 우리 얼굴의 심각하게 굳어있는 근육을 이젠 웃는 근육으로 바꾸는 것이 어떨까요?"

그런데 회중속 담임 목사님의 얼굴이 내 눈에 들어와 "목사님의 얼굴이 제일 굳어있는 것 같은데 목사님이 먼저 크게 웃으시죠?"라고 제안했더니 "이게 제 평소 모습이에요"라고 크고 퉁명스럽게 대답을 하셨다. 예상치 못했던 담임 목사님의 반응에 예배 분위기는 설상가상으로 더 어색해졌다.

집회하면서 나는 목사님이 마음이 걸려 계속 기도를 했다.
"아까 식사하며 내게 불편한 이야기를 하신 것에 대한 나의 꽁한 마음 때문에 목사님께 결례를 범했다면 집회 후 목사님께 용서를 구할테니 성령님께서 목사님의 마음을 만져주십시오"

어쨌든 2시간의 집회가 끝났다. 청년부 헌신 예배라 청년들이 특송을 하는데 담임 목사님이 벌떡 일어나 내 곁에 오시더니 내 손을 덥석 잡고 나가자 하셨다. 순간 너무 당황하였다. 예배 중에 이게 무슨 일이지? 꼭 고등학교 시절 교실에서 일진에게 잡혀 나가는 느낌이었다. 목사님과 단 둘의 대화가 시작되었다.
"목사님, 내가 웃지 못한 것은 내 치아가 다 상해서 웃을 수가 없던 거랍니다."라며 집회 중 은혜를 받았던 마음을 내게 쏟아놓았다.
목사님 인생의 현재 처해진 기가 막힌 사연을 아주 짧은 시간 들려주셨는데 눈물이 났다.그래서 얼굴이 그리 굳었던 것이었다. 나또한 나의 행동에 대해 용서를 구하고 서로 껴안고 격려했다.

예배 도중에 나갔다 들어온 강사 목사와 담임 목사님의 모습을 본 회중들은 아마 밖에서 무슨 일이 벌어졌는지 무척 궁금해 하셨을 것이다. 모든 순서가 끝나고 목사님은 광고와 축도를 하기위해 강단에 오르셨다. 그런데 담임 목사님이 글썽이는 눈으로 아무 말도 하지 않으시다 무겁게 이리 고백하셨다.

　"성도 여러분, 죄송합니다. 그리고 참으로 미안합니다."

　또다시 잠깐의 침묵이 흐르다 이어 말씀하셨다.
　"성도 여러분, 저는 가짜였습니다. 오늘 집회에 참석하면서 제가 가짜였다는 사실을 알았습니다. 오늘 저에게 주셨던 하나님의 메시지가 내면의 깊은 곳에 숨어있던 제 진짜 모습을 들통나게 했습니다. 저는 오늘 주의 말씀을 심각하게 받아들입니다."

아… 주님…

앞에 계신 몇몇 성도님들의 어깨가 흔들렸다. 함께 흐느끼며 우시는 것이었다.

하나님의 찬란한 영광의 빛 앞에서 우리가 어떤 사람이었는지 들통이 나면 그제야 "나는 죄인중의 괴수라"고 고백했던 사도 바울의 형통이 흐르는구나!

두 시간의 집회보다 더 강력한 성령의 일하심이 한마디의 정직한 고백을 통해 드러났다.

소름끼치는 반전

7월은 오전임에도 몹시 더웠다.

전철역으로 걸어가는 동안, 땀줄기가 등을 타고 흐르기 시작했다. 지하철역이 눈앞에 보였고 동시에 전철이 들어온다는 신호소리가 들렸다. 놓치면 안 될 것 같아 뛰어올라 갔다. 최선을 다했지만 거친 숨을 들이키는 나를 뒤로한 채 전철은 꼬리를 보이며 이내 시야에서 사라졌다. 멍하니 서 있는 내 안에서는 후회와 속상함이 소용돌이치기 시작했다.

"아이고, 이게 뭐야!"

전철 시간표를 보니 정확하게 30분을 더 기다려야한다고 적혀있었다. 이미 햇볕에 달구어진 지하철역 천장의 열기가 폭염 속을 달렸던 내 안의 열기를 끌어안고 온몸을 땀으로 흥건히 적셨다.

'아, 조금만 빨리 걸었다면, 미리 전철 시간표를 보고 서둘러 나왔더라면 제 시간에 전철을 탔을 텐데'라는 뒤늦은 후회와 상대방과의 시간 약속을 지키지 못하는 상황들로 인해 너무 속상했다.

땀을 식힐 양으로 가방에서 노트를 꺼내 연신 부채질을 하다 며칠 전 묵상한 말씀이 생각났다.

　신랑 되신 예수님을 기다렸던 열 처녀 비유인데 열 처녀 중 예수님과 함께하는 혼인잔치에 들어가지 못했던 어리석었던 다섯 처녀가 꼭 나와 같다는 생각이 들었다. 분명 신랑이 오실 것이란 사실을 알고 기다렸지만 기름을 준비해야 한다는 알림에 귀 기울이지 않고 대수롭지 않게 여기다가 결국 그 기다림을 허사로 만들어버린 어리석은 신부 들러리들. 그들의 통곡과 후회의 상황이 오늘 이 상황에 겹쳐졌다.

　분명 시간표가 있어 전철 도착 시간을 알 수 있었음에도 불구하고 그것을 무시함으로 인해 황당한 상황을 겪은 것처럼 분명히 성경에 예수님이 다시 오실 그날을 준비하라는 말씀이 상세히 쓰여 있음에도 성경 말씀을 읽지도 않고, 말씀대로 살지도 않아 결국 구원의 문 통과하지 못해 이를 갈며 분통을 터뜨리는 어리석은 상황을 절대 겪지 말라 알려주시는 것 같았다.

　성경에서 언급했듯이 어리석은 다섯 처녀도 분명 신랑 예수님을 기다렸던 신부의 들러리였다.
　예수님과 상관없는 사람이 아니라 천국을 소망했던 기독교인들을 비유한 것이다.

> 어떤 사람이 여짜오되 주여 구원을 받는 자가 적으니이까 그들에게 이르시되 좁은 문으로 들어가기를 힘쓰라 내가 너희에게 이르노니 들어가기를 구하여도 못하는 자가 많으리라 (눅 13:23-24)

천국에 들어가기를 구하여도 못하는 사람들이 많을 것이라고 예수님이 말씀하셨다. 전철은 놓쳐도 30분 후에 다시 오지만 천국 들어가는 것은 딱 한 번의 기회밖에 없다. 이 경고가 피부로 와 닿으니 깊은 속상함은 순식간에 뜨거운 바람에 증발해버리고 긴장감이 나를 휘감았다.

주님 다시 오실 그날이 언제인지 모르는 인생을 살면서, 내 발의 등이요 내 길의 빛인 주의 말씀을 무시하지 않고 순종해야 함을 알려주신다. 그리고 다시 기회를 주신다.

소름끼치는 반전이 내게 덮친 뜨거운 오전이었다.

교회는
사역자를 존중하고
사역자는
교회를 존귀히 여기고

조금 전 부산에서 전화가 왔다.

이번 여름 캠프에 초청해 주셨던 홍정수 목사님이다.

"목사님, 이번에 사례비가 잘못 나간 걸 이제야 알았네요. 너무 죄송합니다. 계좌번호 보내주세요. 모자란 금액을 바로 보내드리겠습니다. 그리고 부산에 오시면 회라도 한 접시 하자고요"

짧았지만 이런 대화가 청량음료처럼 시원하고 좋았다.

생각지도 못했던 사례비를 받게 된 것 때문이 아니라 사역자를 단지 행사에 사용되는 소모품이 아닌 하나님 나라를 함께 세워가는 동역자로 존중해주어 감사했다. 일이나 행사 중심이 아닌 관계 중심의 교회 모습이라 참 좋았다. 짧은 대화를 통해 기분 좋은 감정을 가질 수 있었던 것은 무례한 교회를 통해 실망도 상처도 많이 받아온 내 경험에 대한 반증일 것이다.

한국 교회가 사역자들을 귀히 여기고 관계위주의 동역자로 대해 주면 좋겠다. 그리고 사역자인 나도 교회를 향해 가졌던 동역의 마음이 변질되지 않도록 깨어 있어야한다.

사례비가 많을 거 같은 규모가 큰 교회,
사례비가 적을 거 같은 규모가 작은 교회

음반과 책이 많을 팔릴 듯한 도시 교회,
음반과 책 판매는커녕 사례비조차 신경 쓰이는 시골 교회

거리가 가까운 서울이나 수도권 교회,
거리가 먼 지방이나 섬 교회

조금 알려졌다 하여 여러 환경과 상황을 따지고 사례비 계산하며 저울질하여 교회를 선택하고 골라가는 나쁜 습관이 생기지 않도록 매순간 사역자로서의 순수함을 지켜내야 한다.

주의 나라와 의를 먼저 구하면 주께서 먹여주시고 입혀주실 거라 확신하고 시작한 사역이라면 세상이 추구하는 가치와 돈, 유명세에 굴욕 당하지 않고 한결같이 이 확신을 지켜내야 한다. 왜냐하면 사역은 생계를 위한 직업으로 전락되기도 하고, 자신을 드러내는 수단과 방법으로 이용될 수 있기 때문이다.

사역 초창기에는 초청해주는 것만으로도 그저 고마워하다 이름이 알려지고 초청이 많아지면 섬김 받는 것을 당연하게 여긴다. 오히려 섬김이 자신의 기대에 미치지 못할 때면 자신이 만든 권리를 주장하는 못된 습관이 싹을 틔우고 자라기 시작한다.

이런 영적 변질이란 불행이 닥치기 전에 "나는 날마다 죽노라"(고전 15:31)했던 사도 바울의 고백을 따라 나는 날마다 말씀 앞에서 나 자신을 돌아봐야 한다.

> 우리는 우리를 전파하는 것이 아니라
> 오직 그리스도 예수의 주 되신 것과 또 예수를 위하여
> 우리가 너희의 종 된 것을 전파함이라 (고후 4:5)

사역자는 주의 이름을 이용해 자신의 존재감을 드러내고 전하는 것이 아니라 오직 그리스도 예수의 주 되신 것을 전파하는 것이다. 또한 사역자는 예수를 위해 영혼을 사랑하고 섬기며, 회중들이 깨어날 수 있도록 영적 자극을 주고, 그들이 일어설 수 있도록 도움을 주며, 자라날 수 있도록 격려하고 응원하고 기도해주는 동역자이며 중보자임을 잊지 않아야 한다.

> 무릇 많이 받은 자에게는 많이 요구할 것이요
> 많이 맡은 자에게는 많이 달라 할 것이니라 (눅 12:48)

주인께서 내게 맡긴 것은 돈이 아니라 영혼이다.
맡긴 만큼 내게 더 많이 내놓으라고 하실 주인님을 생각하니 사역이 실로 무겁고 두렵게 느껴진다.

내 아들아 내 말에 주의하여 내가 말하는 것에 네 귀를 기울이라
그것을 네 눈에서 떠나게 하지 말며 네 마음속에 지키라
그것은 얻는 자에게 생명이 되며 그의 온 육체의 건강이 됨이니라
모든 지킬 만한 것 중에 더욱 네 마음을 지키라
생명의 근원이 이에서 남이니라 (잠언 4:20-23)

"변질"은 영적 죽음으로 이르게 하며,
"마음을 지키는 것"은 영적 생명을 건강하게 유지하는 방법이다.
그래, 마음을 지키자. 그 무엇보다 내 마음을 지키자!

성령님의 잔소리

낮에 지인들과 대화를 나누는 중에 평소 암송하던 말씀이 떠올랐다,

너희는 떨며 범죄하지 말지어다
자리에 누워 심중에 말하고 잠잠할지어다 (시 4:4)

지금 내뱉는 말들을 중단하라는 뜻이 상기됐음에도 불구하고 내 안의 말들을 주절주절 내뱉었다. 내 생각이 성령님을 앞서가고 있음을 감지했는데도 멈추지 못했다. 생각은 후회하면서 입술은 계속 말하는 어처구니없는 상황이 전개되었다. 결국 나 자신의 미성숙한 인격의 극치를 드러낸 오후의 대화는, 저녁 개인예배를 "왜 그랬을까?", "하지 말걸"이라는 후회와 회개 가득한 기도시간으로 만들어 버렸다.

느닷없이 내 삶속에 불쑥불쑥 개입하셔서 던지시는 성령님의 잔소리가 세상의 그 어떤 명언보다 귀하다. 왜냐하면 세상의 명언은 불특정 다수를 향해 던지는 말이지만 '성령님의 잔소리'는 오직 나를 향해 던지는 하나님의 말씀이기 때문이다.

이후로는 성령님의 불편한 잔소리에 바로 반응해야겠다.

"잠시만요"
대신에
"즉시"

요즘 내가 훈련하는 것
"잠시만요"라는 말을 사용하지 않는 것

아내에게도, 아이들에게도
그리고 하나님에게도 사용하지 않으려 의식하며 훈련하고 있다.

평소 아내가 불러도 "잠시만, 이것만 끝내고…"
아이들이 불러도 "잠시만, 하던 것 금방 끝내고…"

그러다 보면 하나님이 불러도
"하나님, 잠시만요. 급한 것 먼저 끝내고요" 하게 되니 말이다.

"잠시만요"는 입에서 나오는 말이고
"즉시로"는 몸에서 나오는 행동이니
주님께 말보다 행동으로 반응하려면 이 나쁜 습관을 바꿔야한다.

"잠시만요"라는 말 대신 "즉시"라는 단어를 적용했더니
맨 먼저 눈에 띄는 변화는
싱크대의 음식물 쓰레기가 사라지기 시작한 것이다.

Episode 04
하나님을 경외한다는 사람이 무례할 수 있을까

하나님을
경외한다는 사람이
사람에겐
무례할 수 있을까?

성경을 통해 드러난 하나님은 때론 이해가 되지 않는다.

나는 나를 존중히 여기는 자를 내가 존중히 여기며
나를 멸시하는 자를 내가 경멸하리라 (삼상 2:30)

왜 아들까지 내어주신 무한 사랑의 하나님이 "비록 나에게 무례해도 내가 너를 존중히 여길 것이다" 하지 않으셨을까?

사랑은 무례히 행하지 아니하며 (고전 13:5)

그래, 사랑의 하나님이 사랑을 가르쳐주셨구나. 나또한 사랑하는 자녀에게 매를 들어 옳고 그름과 인성 교육을 하듯 하나님 아버지의 마음도 이러하셨구나

"무례하다"라는 말은 사람에 대한 말과 행동 그리고 속마음에 예의가 없다는 뜻이며, 사람을 수단이나 자신을 위한 소모품으로 여긴다

는 뜻이다.

오래전부터 알고 지내는 사람이 있었다. 잊을만하면 전화를 주었다. "돈을 빌려 달라, 내 문제에 도움을 달라, 내 부탁을 들어달라"등이 그가 전화를 건 이유였다. 상대방을 고려하지 않는 무례한 그의 일방통행은 부담스러웠다. 조금씩 그의 전화를 회피하다 받지 않게 되었고 결국 나는 그의 전화번호를 차단해 버렸다.

자신의 필요에 따라 연락을 하는 그에게 나는 어떤 존재였을까?

평소에는 하나님에 대한 의식도 관심도 없이 살다가 갑자기 비가 오면 그제야 우산을 찾듯 삶의 문제가 생기고 걱정, 근심, 시련과 고난이 닥치면 찾게 되는 하나님이라면 그분은 우리를 어찌 생각하실까?

그래서일까? 나도 무례히 행하는 사람은 피해 돌아가게 되더라. 반대로 나의 무례함 때문에 분명 나를 피해 돌아가는 사람도 있을 것이다. 가만히 보면 하나님께 무례히 행하지 않는다는 사람이, 사람에게는 무례히 행하는 사람이 있다. 그게 나라면 하나님을 경외한다는 나의 언행은 가짜일 것이다.

여전히 나는 나의 존재를 목적이 아닌 수단이나 방법으로 여기는 무례한 사람을 피해 돌아가겠지만 나의 무례함으로 인해 나를 피해 돌아가는 사람이 없도록 사람을 소중히 여겨야겠다.

죽음 안에 머물러도
예배하렵니다

하나님은 최선을 다해 당신의 일, 사역을 하는 중에도 나를 절벽으로 몰아가신다. "내가 당신을 어떻게 섬겼는데 저를 이리 대하십니까?"라는 불평이 나올만한데 내 안에 주의 말씀이 있고, 그 말씀이 내 안에 살아있으니 오히려 더 깊은 주님과의 교감을 기대하며 그분께 나아가려는 '영적 오기'가 생긴다. 이것은 세상에서 볼 수도 찾을 수 없는 신비다.

산을 하나 넘고 나면 더 큰 산이 날 기다리는 것이 인생이더라. 더 높고 더 깊은 산을 건너가기 위해서는 이전보다 더 절박하게 주님께 나아가면 된다. 웅크리지 않고 마주하며 내게 몰아치는 고통과 시련을 허락한 주님의 본심을 신뢰하며 의지를 드려 감사로 예배한다.

다 맞춰지지 않은 퍼즐 조각들 즉, 주님의 본심이 보이지 않아 낙심도 되겠지만 그 낙심 안에서도 예배할 것이고 들실과 날실이 엉킨 것처럼 하나님의 섭리가 도대체 무엇인지 헤아리기 힘들지라도 어떤 방식의 응답을 하시던 상관없이 그분을 향한 나의 신뢰가 더 깊어지도록 집중하여 예배한다.

예배의 기쁨은 나의 문제가 풀리고 기도가 응답되는 것으로 시작되는 것이 아니라 '이런 사망의 음침한 계곡 속에서도 예배하는 나'를 보는 그분의 기쁨으로 시작되는 것이다.

하나님의 기쁨으로 시작되는 것, 이것이 예배의 선순환이다.

그분을 감동시킬만한 순종을 하며, 그분을 감동시킬만한 삶으로 예배하여, 나로 말미암아 기쁨을 이기지 못하시는 하나님, 나를 잠잠히 사랑하시는 하나님, 나로 말미암아 즐거이 노래 부르실 하나님의 환호성을 들을 것이다.

너의 하나님 여호와가 너의 가운데에 계시니 그는 구원을 베푸실 전능자이시라 그가 너로 말미암아 기쁨을 이기지 못하시며 너를 잠잠히 사랑하시며 너로 말미암아 즐거이 부르며 기뻐하시리라 하리라 (습 3:17)

그러하니 고난이 시작될 때도 예배하고 고난이 깊어질 때도 예배하고 고난을 통과하여 풍부한 곳에 나를 들이실 때도 예배는 끊어지지 않아야한다.

사람들은 내가 그리스도인 인 것을 알까?

1995년 미국으로 유학을 갔다. 수업하면서 한국 사람끼리는 이미 익숙한 냄새이기에 인지하지 못하지만 한국 사람의 몸에서 나는 마늘 냄새 때문에 미국 사람들이 불편해한다는 것을 알았다. 반면에 한국 사람들도 미국사람들의 몸에서 나는 특유의 치즈 냄새, 인도사람에게 는 진한 카레 냄새 같은 것 때문에 불편함을 겪는다는 사실도 알았다. 오랫동안 즐겨 먹어왔던 것들이 몸 안에서 소화되어 땀과 호흡을 통 해 배출되면서 특이한 냄새를 내는 것이리라.

그리스도인도 그러지 않겠나? 매일 말씀을 먹는다면 그 말씀이 호 흡기인 입을 통해 뒷담화, 모략, 부정적인 이야기가 아니라 칭찬과 격 려와 섬김, 그리고 위로의 말들이 나가야함이 당연한 이치일 것이다. 복음으로 채워진 그리스도인들의 말과 행동, 습관과 삶을 통해 세상 은 아주 자연스럽게 예수님 향기를 맡을 것이다.

하루 세끼 식사하는 것처럼 말씀을 먹고 기도로 삶을 채워나가면, 매일 말씀을 삶에 적용하고 기도의 응답이 삶에 드러나면, 굳이 예수 님 믿는다 말 안 해도, 신앙 생활한다고 티 안내어도 세상은 그리스도 인들의 얼굴에서 예수님 모습을 보게 되고 그리스도의 몸에서 예수님 냄새를 맡게 된다.

그런데 현실은 예수 믿지 않는 세상 사람들이 기독교인이라는 사람을 통해 예수님 냄새를 맡지 못할 뿐 아니라 신뢰도 하지 않는다는 것이다. 우리가 입으로 "나는 교회 다닌다", "나는 그리스도인이다"라고 자신의 정체를 밝히지 않으면 오래 만나 온 직장 동료들, 학교 친구들, 동네 이웃들이 우리가 그리스도인임을 알아채지 못한다고 한다. 왜냐하면 교회 다니지 않는 자신들과 차이를 발견하지 못하기 때문이다. 특히 돈과 성공이란 단어가 관계에 개입되면 향기는커녕 악취를 풍기는 사람이 허다하기 때문이다.

최근 목회자 연구소 데이터에서 발표한 '2020년 한국교회의 사회적 신뢰도 여론조사'에 따르면 한국 교회를 신뢰한다는 응답은 32%였는데 2021년에는 코로나 19로 인한 기독교인들의 민낯이 드러나 신뢰도가 11% 더 떨어진 21%로 하향된 것으로 나타났다. 이 결과는 10명중 2명 정도 기독교인들을 신뢰한다는 말이다. 그만큼 기독교인의 신앙과 일상생활의 불일치가 심각한 상황이다. 무엇이 문제일까? 왜 말씀을 그렇게 오랫동안 먹었는데 예수 향기가 나지 않을까? 우리는 말씀을 먹기는 하나? 아니면 먹는 척만 한 것일까? 혹시 우리가 말씀보다 그 외에 것들을 더 많이 먹는 것은 아닐까? 말씀을 먹어도 소화하지 못하여 땀으로, 호흡으로 배출하지 못하는 것일까? 우리는 말씀을 먹고 삶으로 적용하는 진짜 그리스도인이 맞을까?

> 너희는 말씀을 행하는 자가 되고
> 듣기만 하여 자신을 속이는 자가 되지 말라 (약 1:22)

은퇴하지 말고
내려놓자

어느 한 날, 내 사역에 예수 향기 옅어지다 악취를 풍겨 하나님도 불편해하시고 사람들도 불편해하면 미련 없이 사역을 내려놓을 것이다.

퇴직하도록 정해져 있는 나이가 되어 어쩔 수 없이 물러나게 되는 "은퇴"가 아닌 나이와 상관없이 어느 때라도 선택할 수 있는 "내려놓음"이 지극히 옳다.

하나님이 내게 허락하신 시즌(season 기간)동안 순결하고 성실하게 섬기다 어느 한 날, 변질되기 시작하는 나를 보시고 "season out!"이라 신호주시면 당장이라도 사역 내려놓도록 사표를 뒷주머니에 이미 넣어놓았다.

내가 추구하고 걸어왔었던 사역의 가치와 나에 대한 평가와 기억은 어떻게 끝을 맺는가에 달려있을 터이니 현재 주어진 일과 사역에 후회함 없도록 최선을 다하련다.

웨스트민스터 소요리 문답 제1문은
'사람의 제일 되는 목적은 무엇이냐?'이며

그에 대한 답은
'하나님을 영화롭게 하는 것과 그를 영원토록 즐거워하는 것'이다.

어느 한 날, 사역 내려놓게 되면 남은 인생, 사역 없이도 내 삶을 통해 주님을 영화롭게 하고 주님을 즐거워하며 살면 되지 않겠나? 그래서 대체 직업을 지금부터 천천히 고민한다.

벌써 아내는 정했단다.
55세인 내가 사역 그만두면 아침 일찍 일어나 사람들에게 신선한 샐러드로 건강을 건네주는 샐러드 가게를 하기로 …

말씀 없는 하루는
꿈도 꾸지 말라

1998년, 미국에서 첫 번째 음반을 만들었다. 그 음반작업에 계산과 타협 없는 순결함을 드러내려고 내 어릴 적 사진을 음반 표지에 넣었다. 하나님이 음반을 만들도록 마음을 주셨다는 확신으로 작업했지만 여러모로 많이 힘들었다.

하지만 음반이 발매되면 사역도 늘고 이름도 알려지고 재정적 도움도 받게 되리라는 숨은 소망이 있었기에, 버티며 이 작업을 마무리할 수 있었다.

하지만 웬걸? 음반 3,000장을 찍어냈지만 섬기는 교회와 아는 인맥을 통해서만 소량만이 팔렸을 뿐 결국에는 이리저리 나를 알리는 명함처럼 무료로 나눠주었다. 수십 박스가 좁은 아파트에 쌓여 있다가 이사할 때는 애물단지로 전락해버렸다.

이 음반작업을 통해 받게 되리라 계산했던 재정적 도움은커녕 수천 달러의 빚더미(?)에 올랐고, 달라스(Dallas, TX) 한인 동네에 음반소식이 살짝 알려졌다가 이내 사람들의 기억에서 사라졌다.

나름 모든 것을 걸고 쏟았던 음반 프로젝트가 실패로 돌아가자 좌절감이 너무 컸다. 무력감과 공허감에 시달렸다. 이 일로 인해 관계가 어색해져 돌아서는 사람들도 생겼고, 나는 직장을 잃는 등, 도미노 현상처럼 삶이 무너져갔다. 그때 인생의 바닥을 치면서 배운 것이 있다.

첫 번째는 "우리는 자신에게 정직하지 않다"는 것이다.
하나님이 말씀하셨고 허락하신 일이라 말하면서도 내면 깊은 곳에는 자신이 알아차리지 못하는 욕망과 욕심 그리고 계산이 숨어있다.

두 번째는 "우리는 하나님께도 정직하지 않다"는 것이다.
하나님의 나라와 의를 위해, 하나님의 영광을 드러내기 위한 일이라고 하나님께 기도하며 도움을 요청하지만 정작 그 기도의 깊은 내면을 들여다보면 자신의 영광과 의, 그리고 자신의 유익을 하나님을 이용하여 챙기고자 했던 숨은 의도를 발견하게 된다.

이 과정을 통과하면서 사람은 자신이 죽음 앞에 놓였을 때 비로소 자신에게도, 하나님에게도 정직해진다는 교훈을 배웠다. 그 당시 드라마 같은 기가 막힌 상황에 빠져있던 나는 심장이 너무 아파 잠을 이루지 못했다. 그래서 밤새 예배했다. 그것 밖에는 내가 할 수 있는 일이 없었다. 깊은 밤, 잠잠히 말씀을 읽다가 숨이 막힐 정도로 내 눈을 가득 채우는 말씀이 있었다.

내가 나를 위하여 충실한 제사장을 일으키리니 그 사람은 내 마음, 내 뜻대로 행할 것이라 내가 그를 위하여 견고한 집을 세우리니 그가 나의 기름 부음 받은 자 앞에서 영구히 행하리라 (삼상 2:35)

이 말씀은 거울 속에 있는 내 모습을 적나라하게 보여주었다. 나 자신을 속이고 살다가 실패를 맛본 내게 하나님의 의중이 무엇인지 정확하게 알려주셨다. 너무나 무겁고 심각하게 말씀이 내게 임했다.

나는 나 자신을 위하여 충실히 일했던 사람이었다. 내 마음과 내 뜻이 하나님 마음이고 하나님 뜻인 양 떠벌렸던 사람이었음을 들통 나게 하셨다. 인간의 마음과 양심을 감찰하시고 생각의 근원조차 다 아시는 하나님께 발가벗겨진 나는 두려움과 무서움으로 벌벌 떨었다.

하나님을 속인 인간이 누구에게 도움을 구하겠는가?

주께서 나를 깊음 속 바다 가운데에 던지셨으므로 큰 물이 나를 둘렀고 주의 파도와 큰 물결이 내 위에 넘쳤나이다 (욘 2:3)

하나님을 속이고 피하여 도망하다 물에 던져진 소망 없었던 요나의 처절한 고백은 나의 고백이었다.

내 영혼이 내 속에서 피곤할 때에 내가 여호와를 생각하였더니 (욘 2:7)

물고기 뱃속에서 쇠하여 죽어갈 때 하나님을 생각했던 요나처럼 내 영혼이 서서히 죽어갈 때 하나님의 이름을 불렀다. 그때 나는 하나님의 도움이 아니라 용서를 구했다.

　죽음의 깊은 바다 속에서 하나님은 내 진심을 들으시고 긍휼의 손을 내밀어주셨다.

　아, 주님…

　그렇게 나는 두 번째 인생을 시작하게 하셨고 "그가 나의 기름 부음 받은 자 앞에서 영구히 행하리라"(삼상 2:35) 약속한 말씀처럼 주님 앞에서 예배하는 지금의 예배 사역자로 세워주셨다.

　자신을 속이지 않고, 하나님을 속이지 않고 하나님 원하시는 사역하려면 "자신을 부인하고 자기 십자가를 지고 나를 따르라"(마 16:24)는 예수님의 명령에 순종하고 "나는 날마다 죽노라"(고전 15:31)했던 사도 바울의 고백을 정직하게 내뱉어야 한다.

　자신을 부인하고 자신을 죽이는 이 끝없는 연습은 영혼을 만나는 사역자에겐 타협할 수 없는 필수 코스이다.

말씀 없는 하루는
꿈도 꾸지 말아야한다.

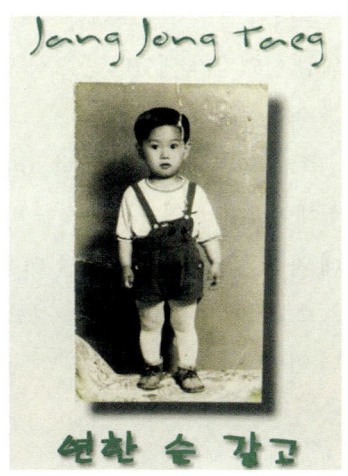

이루고 누리는 것보다
그것들을
내려놓고 내어놓는 것이
더 어렵다

높은 곳, 상석, 그리고 성공의 자리에 가는 것도 힘들지만 성공의 자리를 내어놓고 낮은 곳, 바닥으로 가는 것은 더 힘들다.

인생은 성공을 위해 수많은 것들을 절제하고 인내하고 피나는 노력을 해야 하지만 인생의 진정한 성공의 가치를 위해서는 이루어 놓은 것들을 내려놓는 연습을 해야 한다.

사역자에게도 이런 사실이 적용된다.

무명의 사역자는 탁월한 사역자가 되기 위해 대가를 치러야하고 탁월한 사역자가 되었다면 초심 잃지 않고 변질되지 않도록 더한 대가를 치러야한다.

즉, 사역자는 독특하고 탁월하도록 끊임없이 노력하고 공부하고 경험해야하며, 사역자는 그것을 바탕으로 영혼을 살리고 사람을 섬기는데 자신을 희생하는 연습을 더 해야 한다.

그렇기에 이루고 누리는 것보다 그것들을 내려놓고 내어놓는 것이 더 어렵다.

사역자는 자신에게도 사람에게도 그리고 하나님에게도 노력하는 성실한 사람이다. 게으름으로 인해 아무것도 가진 것 없고 이루어놓은 것도 없는 사역자가 어찌 내어놓고, 내려놓을 수 있겠는가?

게으른 사역자는 정작 노력은 하지 않고 생각만하고 부러워하고 질투하다가 하나님에게도 사람에게도 무시당하게 된다는 사실을 잊지 말자.

어디에 반응해야 하나?

하나님이 심각하게 여기시고 다루시는 것을 사탄은 무시하라고 한다.
"심각하게 다루라"는 하나님의 음성을 듣고,
"그냥 무시하라"는 사탄의 음성도 들었던 아담과 예수님처럼,
동일한 상황에 놓여있는 난 어느 음성에 반응해야 하는 걸까?
하나님의 음성을 무시고 사탄의 음성을 받아들였던 아담처럼 반응할 것인가?
아니면 사탄의 음성을 무시하고 하나님의 음성을 받아들였던 예수님처럼 반응할 것인가?

이 부분에 대한 대답은, 분명 말이 아닌 삶으로 대답해야 할 것이다.

예배처소는
내가 거하는
모든 곳

주일 고등부 집회 마치고 간식 먹으며 아이들과 수다를 떠는데 한 여학생이 "오늘 목사님 말씀을 들으면서 자기도, 자신의 엄마도 이중인격자의 삶을 살고 있었음을 발견했다"라며 다음 이야기를 전해주었다.

주일 아침, 교회 가려고 옷을 찾았더니 보이지 않더란다. 며칠 전 엄마에게 신신당부하며 세탁을 부탁했었는데 여전히 빨래통에 있는 것을 발견하고는 짜증이 확 올라오더란다. 참지 못하고 감정 섞인 목소리로 엄마에게 버럭 화를 냈단다. 권사이신 엄마도 주일 아침 식사 준비와 설거지 그리고 교회 갈 준비로 바빠 정신이 없는데 어린아이도 아닌 고등학생 딸이 심한 짜증을 내니 엄마도 '이년', '저년', '썩을 년' 하는 소리를 높였단다.

고성이 오간 주일 아침 전쟁을 치룬 두 사람은 각자 교회로 갔단다. 자신은 오전 9시 중고등부 예배라 1층 예배실에서 찬양팀으로 섬기고 있었단다. 거룩한 표정으로 손을 들고 찬양하는데 열려진 문으로 엄마가 얼굴을 내밀더니 자신을 째려보고 가더란다. 엄마의 못마땅한 그 표정은 "나는 네가 지난여름에 한 일을 알고 있다"라는 영화제

목처럼 "나는 네가 오늘 아침 집에서 한 일을 알고 있다"라고 말하는 것 같았고 들켜버린 자신의 이중적 행동에 심한 창피함을 느꼈단다.

　예배 마친 후, 친구들과 점심 식사하러 교회 식당에 들렀는데 공교롭게도 자신과 같은 엄마의 모습을 보게 되었단다. 집안에서 볼 수 없었던 너그럽고 환한 표정으로 음식물을 흘린 사람들에게 "아유~ 괜찮아요, 그럴 수 있죠, 제가 할게요"라며 더러워진 교회 식탁을 기쁨으로 닦아내는 모습에 '가면 쓴 그 어머니에 그 딸'이라고 했던 그때를 상기하며 '들통의 은혜'에 대해 솔직한 언어로 고백해주었다.

이 학생의 이야기가 얼마나 공감이 되는지,
사실 이 모습이 내 모습이 아니라 어찌 부인할까?

나의 예배 처소는 부엌, 거실, 방, 욕실 그리고 아이들과 시간을 보내는 놀이터까지 교회나 사역 장소 외에 민낯으로 대하는 사람들과 함께 머무는 바로 그곳이다.

실제로 예배자는 예배당이 아닌 곳에서 자신의 정체가 드러난다.

"내가 가장 많이 머무르는 예배처소인 가정에서 나는 어찌 살고 있나?"

"아내와 아이들의 눈에 보이는 나는 어떤 남편이고 아빠일까?"

"가까운 선후배, 친구들의 눈에는 내가 어떤 예배자로 보일까?"

책을 통해 고백하건데 집회중 하나님의 임재보다 아내가 뒷자리에 앉아있을 때가 더 두려운 것은 부인할 수가 없다.

영성(spirituality)과 인성(personality)

영성보다 인성이 우선이다.
40일 금식을 몇 번했고 성경 통독을 몇 번했고 하루에 기도를 몇 시간 한다면서 자신을 의롭다 믿고 다른 사람을 멸시하는 바리새인 영성보다 감히 하나님께 눈을 들지도 못하고 죄인인 나를 불쌍히 여겨달라는 세리의 인성이 우선이다.

영적 카리스마 운운하며 자신은 고수이고 상대방은 하수라 여겨 처음 만난 사람에게 반말하고 무례히 행하는 영성보다 겸손과 남을 자기보다 낫게 여기는 인성이 우선이다.

아무 일에든지 다툼이나 허영으로 하지 말고
오직 겸손한 마음으로 각각 자기보다 남을 낫게 여기고 (빌 2:3)

이렇듯 영성을 담을 만한 인성이 되어야 영성이 빛나니
영성보다 인성이 우선이다.

영성은 사람을 속일 수 있지만
인성은 사람을 속일 수 없다.
왜냐하면 영성은 자신이 주장하는 것이고, 인성은 타인이 판단하는 것이기 때문이다.

한 순간 자신이 무너지면 영성도 함께 와르르 무너지지만,
인성은 자신이 무너져도 믿어주고 신뢰해주는 동역자들이 다시 일어나게 돕는다.

살아보니 그렇더라.
차라리 인성 없는 영성보다
영성 없는 인성이 더 낫더라

칭의로 시작해서 성화로 옮겨가야하는 것처럼
인성으로 시작해서 영성으로 가야함을 잊지 말자.

은혜 없인
논할 수 없는
영성

나의 영적 몸부림이 느려지면 무기력을 동반한 영적 게으름이 쏜살같이 달려들고, 내 영혼은 죄악을 향해 생각을 뻗는다.

어떤 영성 훈련을 받았던, 어떤 영적 위치(지위)에 있던 상관없이 영적 의식이 잠시라도 둔감해지면 곧바로 나는 죄성에 사로잡히니 연약한 내 영성은 자랑은커녕 끄집어내어 논할 수도 없다.

단지 나를 놓지 않는 주의 신실한 손을 기억하며, 내 마음에 구원의 기쁨을 회복시켜주시는 그분의 긍휼하심을 잊지 않도록 날마다 주 앞에서 민감하게 깨어 한눈팔지 말아야한다.

아, 정말 주의 은혜 없이 어이 살꼬?

주의 은혜 없인 살수가 없네

단 하루라도 살 수가 없네

주의 은혜 없인 살 수가 없네

한 순간이라도 살 수가 없네

(장종택 7집 앨범 수록곡)

이 노래가 절로 나오는 깊은 밤, 잠을 설친다.

산악자전거
전도자

오랜만에 이전 내가 유학생활부터 13년간 살았었던 미국 달라스에서 집회를 가졌다. 지인들이 많이 와주셨는데 그중 나와 아주 친했던 형을 만났다. 그런데 집회 중에 형의 외모를 보고 깜짝 놀랐다. 내가 한국으로 귀국할 때 형은 키도 크고 몸도 살짝 비만에 가까운 건장한 남성이었는데 그날 형의 모습은 알아볼 수 없을 만큼 살이 빠져 있었다.

한국에서 달라스로 들어가기 전, 공교롭게도 당뇨병으로 고생하시는 두 분을 만났었는데 그 당뇨병의 눈에 보이는 증상중 하나가 심한 체중 감소라고 했다.

집회가 끝난 뒤 형 가족과 식사를 했고 나는 아주 걱정되는 마음으로 조심스럽게 물었다. "형, 혹시 당뇨병 같은 병에 걸리신 건가요?"라고 묻자 형은 "내가 살이 많이 빠졌지?"라며 껄껄껄 웃으셨다. 알고 보니 형은 당뇨병이 아니라 전도자의 삶을 살면서 체중 감소가 저절로 되었다고 알려주었다.

형의 이야기는 이러했다. 몇 년 전 몸무게가 너무 많이 나가 수많은 다이어트 방법을 사용했지만 좋은 결과를 얻지 못했단다. 그러다 산악자전거를 알게 되었고 이 운동에 급속도로 중독이 되었다고 한다. 산악자전거를 타면 너무 재미있고 스릴 있을 뿐 아니라 건강이 좋아지며 지방도 쭉쭉 빠지더란다. 일주일에 한두 번이라도 산악자전거를 타지 못하면 미칠 지경에 이르기까지 좋아하게 되었고, 심지어 비가 와도 탔다고 한다. 한번은 자전거를 타다 계곡에서 넘어져 깁스를 했는데 깁스를 하고도 자전거를 타러 갔다니 단단히 중독된 것이었다.

들어보니 산악자전거를 취미로 갖기에는 경제적 부담이 적지 않다. 산악자전거와 유니폼, 헬멧 등 모든 것을 갖추면 적어도 3000달러가량 든다고 했다. 한국 돈으로 환산하면 330만 원 정도이다. 그런데 이런 경제적 부담에도 불구하고 형을 통해 8명이 산악 자전거인으로 전도 당했단다.

고프로(GoPro 액션캠코드라 불리는 카메라)라는 캠코더를 자전거에 탑재하여 찍은 스릴 넘치는 영상은 형의 경험담에 사실감을 더해줬고 무엇보다 근육으로 다져진 형의 멋진 외모는 단조로운 삶의 무료함과 비만으로 고민하는 사람들에게 충분히 설득력이 있었다.

그날 저녁 형의 산악자전거 무용담을 들으며 나 또한 '나도 한국 가면 산악자전거를 구입해야겠다'라는 생각이 들 정도였다.

대화가 시작되자마자 온통 자신이 경험한 산악자전거 이야기로 가득채운 형과의 대화를 통해 나는 "이것이 전도구나"하는 생각이 들었다. 전도는 군침 돌게 하는 미끼로 낚시질 하듯 '예수 믿으면 복 받는다'라는 그럴듯한 말로 설득하는 것이 아니다. 전도는 우리를 통해 나타나시는 성령으로 하고 우리 삶속에서 드러난 성령의 능력으로 하는 것이다.

> 내 삶과 전도함이 설득력 있는 지혜의 말로 하지 않고
> 다만 성령의 나타나심과 능력으로 하여 (고전 2:4)

전도는 자신이 만난 예수님, 자신이 경험한 예수님의 일하심을 직접 맛보고 감동하여 전하지 않으면 못 견디는 뜨거운 마음이며 예수님 만난 뒤 변화된 자신의 성품, 말, 행동, 삶의 습관과 나 중심적 가치관등의 전환(convert)을 자연스럽게 보여주는 것이다.

전도는 주위 사람들이 '당신, 이런 사람 아니었잖아? 무엇이 당신을 바꾸었나?' 궁금하게 만드는 힘이며, 예수 믿지 않는 사람을 교회로 발걸음 옮기게 만드는 능력이다.

산악자전거를 경험한 형이 그 운동의 즐거움과 건강을 지키는 방법을 알려주고 싶어 안달했던 것처럼 우리를 죽음에서 생명으로 건져내신 예수님을 맛보고 경험했다면 어찌 우리가 가만히 있을 수 있겠는가?

전도는 훈련받고 배운 것으로 상대방을 지혜로운 말로 설득하는 것이 아니고 자신의 경험이 아닌 남의 이야기를 대신 전하는 것도 아니다. "예수 믿으면 복 받습니다. 하시는 사업 잘되고 자녀들도 복을 받아 건강하고 좋은 대학, 대기업에 가게 됩니다", "예수 믿으면 지금보다 더 나은 삶을 제공할 성공과 축복이 임합니다."라는 식으로 조건을 걸고 설득하여 교회에 등록하게 만드는 것은 전도를 잘 못 배우고

오해한 것이다. 우리의 삶속에 나타난 성령의 능력과 우리 자신이 변한 모습을 세상이 보고 두려워하여 여호와를 의지하게 되는 것이 전도라고 생각한다.

새 노래 곧 우리 하나님께 올릴 찬송을 내 입에 두셨으니
많은 사람이 보고 두려워하여 여호와를 의지하리로다 (시 40:3)

전도는 하나님의 말씀을 무겁게 받아들여 순종하는 삶의 예배에서 시작되며, 전도는 사랑과 섬김을 알려준 말씀이 적용된 삶의 예배를 이웃에게 흘러 보내는 것이다. 그곳에 일어난 예배는 모든 나라의 모든 족속이 주의 앞에 예배할 때까지 다시 전도로 선교지로 흘러가야한다.

땅의 모든 끝이 여호와를 기억하고 돌아오며 모든 나라의 모든 족속이 주의 앞에 예배하리니 나라는 여호와의 것이요 여호와는 모든 나라의 주재심이로다 (시 22:27-28)

예배는 매주 예배당에 모여 회복만 구하는 것이 아니고 예배당에만 고여 있는 것이 아니다.
종교행위로 반복되어지는 예배는 정체하다 썩게 되니 예배는 전도라는 통로를 통해 반드시 선교지로 흘러가야한다.

Worship is mission, Mission is worship

어찌 이리 다를까?

같은 하나님을 믿으면서도
어찌 이리 가치관이 다르고 삶의 방식도 다를까?

어떤 사람은 땅의 것에 중독되어
자신과 관련된 것만을 위해 기도하는데,
어떤 사람은 하늘의 것에 중독되어
자신과 관련된 것을 내려놓기만을 기도한다.

어이하나, 어이하나?

미신은 자기 유익, 자기만족만을 위함이고
신앙은 주를 위해 자기희생을 실천함인데

미신을 신앙으로 잘못 믿고 교회 다니니
이리 오해하며 하나님에게도 사람에게도 인색하게 살게 되는구나.

Episode 05

삶의 구체적인 이야기들이 예배의 재료가 된다

삶의 구체적인
이야기들이
예배의 재료가 된다

거짓말쟁이는 자신이 약속한 말에 책임을 지지 않는 사람이다.

우리는 예배와 캠프, 수련회를 통해 노래 위주의 찬양을 하며 수많은 고백을 쏟아내고, 목사님의 전하는 말씀에 아멘으로 자신의 고백이라고 동의한다. 기도 중에는 회개의 눈물 흘리며 자신의 결단을 선포하고 주님을 위해 자신의 삶을 드리겠다는 다짐도 한다.

그런데 예배와 캠프, 수련회가 끝나면 자신이 주님께 무엇이라 고백했는지 기억은커녕 아무런 상관없다는 듯 지난 생활과 다르지 않게 살아간다.

'예배는 예배고 일상은 일상이지'

그런 생활을 반복하며 예배와 캠프, 수련회중 주님께 고백했던 말들에 대한 아무런 책임도 지지 않고 살아간다면 우리는 집회 중, 주님 앞에서 예배를 한 것이 아니라 지키지 않을 거짓말만 늘어놓은 것이다.

찬양 시간에도
말씀 듣는 시간에도
기도하는 시간에도

우리는 결코 우리의 고백을 잊지 않으시고 망각하지 않으시는 하나님 앞에서 책임을 지지 않을 노래로, 고백으로 거짓말을 한 것이다.
 예배는 자신이 한 말에 책임을 지는 삶을 수반해야 한다.
 하나님께 불의와 타협하지 않고 죄악을 멀리하고, 순결하고 정직하게 그리고 기쁨으로 좁은 길을 걷겠다고 고백했다면 그 약속을 지키기 위해 사력을 다해야 하며 삶으로 증명해내야 한다. 이러한 일상의 구체적인 삶의 이야기들이 생동감 있는 예배의 재료가 되는 것이다.

기억되지 못할
리더

천 명의 성도들을 섬겼던 목사님 이야기를 들었다.

그 목사님은 성도들의 이름을 다 기억하신다고 한다. 기억력이 좋아서 성도들의 이름을 기억하고 있었던 것이 아니라 그들의 이름이 잊히기 전에 다시 그들의 이름을 부르고 또 부르며 기도했기 때문이라고 한다. 이것이 정답이다.

리더는 기도하는 사람이다. 리더는 자신에게 맡겨진 사람들의 이름을 부르며 기도하는 사람이다. 내가 공동체의 리더라면 동역자들의 이름을 부르며 기도해야 하며 내가 교회 목사라면 모든 성도들의 이름을 부르며 기도해야 한다. 기도하지 않는 리더는 리더 자리를 내려놓아야한다. 그렇지 아니면 함께했던 무리들이 떠나갈 것이다.

이 사실이 나로 하여금 무릎을 꿇게 한다.

기도하지 않아 공동체 동역자들과 성도들의 이름을 기억하지 못한다면 결국에는 하나님에게도 사람들에게도 기억되지 못할 것이다.

성경을
어떻게 읽느냐?

> 어떤 율법교사가 일어나 예수를 시험하여 이르되 선생님 내가 무엇을 하여야 영생을 얻으리이까 예수께서 이르시되 율법에 무엇이라 기록되었으며 네가 어떻게 읽느냐 대답하여 이르되 네 마음을 다하며 목숨을 다하며 힘을 다하며 뜻을 다하여 주 너의 하나님을 사랑하고 또한 네 이웃을 네 자신 같이 사랑하라 하였나이다 예수께서 이르시되 네 대답이 옳도다 이를 행하라 그러면 살리라 하시니 (눅 10:25-28)

어떤 율법사가 일어나 예수를 시험하기 위해 "선생님이여 내가 무엇을 하여야 영생을 얻으리이까?"라고 질문했더니 예수께서 "율법에 무엇이라 기록되었으며 네가 어떻게 읽느냐?"고 반문하셨다.

이 율법교사가 대답하기를 "네 마음을 다하며 목숨을 다하며 힘을 다하며 뜻을 다하여 주 너의 하나님을 사랑하고 또한 네 이웃을 네 자신 같이 사랑하라 하였다"고 대답했다. 그랬더니 예수께서 "네 대답이 옳도다. 이를 행하라 그러면 살리라 하시니"라고 알려주셨다.

"성경을 어떻게 읽느냐?" 물으셨던 예수님은 "성경은 읽은 대로 행하는 것"이 성경을 바르게 읽는 방법임을 알려주셨다.

성경을 읽고 입에만 담고 있는 나에게,
설교 정보와 지식으로 머릿속에만 담고 있는 나에게,
SNS(페이스북, 인스타그램)에 수많은 묵상들을 올리며 고상한 척 자랑하는 나에게 날카로운 창이 되어 내 심장에 꽂히는 참 아픈 저녁 묵상 말씀이다.

성경을 읽으며 '주여, 믿습니다'라고 하고
설교를 들으며 '아멘'이라 외치지만
돈 안 들고, 순종의 노력 하지 않아도 되는 입술의 고백만 하고 살지는 않았는가?

나는 과연 제대로 말씀을 읽는 것인가?
나는 읽은 말씀을 행하고 있는 것인가?

내 삶을
역전시키시는
주

새벽녘에 일어나 가졌던 황홀한 주님과의 만남은 상쾌한 아침을 안겨주었다. 따스한 햇살 머금은 잎사귀 위 이슬방울에 감동하는 아름다운 아침이었고, 곪았던 상처에 새살이 돋는 듯 소망이 살아나는 아침이었고, 삶의 문제에 대한 해답의 가능성이 보여 새 힘이 솟는 아침이었다.

감사에 취해 흥얼거리며 집을 나서는데 아내가 한마디 던졌다.
"자기야, 통장에 잔고가 하나도 없어"
"어, 그래? 음… 알았어. 내가 어떻게 해볼게"

짧은 대답을 남기고 주차장으로 발걸음을 옮겼다. 자동차 시동을 거는데 늘 모자라는 재정에도 불구하고 열심히 살아내는 아내에 대한 미안함과 이런 삶의 문제를 풀어주실 거란 믿음이 교차되며 생긴 묘한 감정이 내게 이입되었다. 살면서 한두 번 겪은 상황이 아니었기에 애써 부정적인 생각을 털어내며 집을 나섰다.
10분이 흘렀을까, 운전 중 자동차 계기판에 빨간불이 들어왔다. 자동차 기름이 바닥난 것이다. 늘 그랬듯이 자주 가는 주유소로 자동차를 돌리려는데 "통장에 잔고가 없어"라고 했던 아내의 말이 불쑥 생각이 나 도로변에 자동차를 세웠다. 이때를 놓치지 않고 내가 대접하기로 한 점심 식사 약속도 생각났다.

"허 참, 이게 무슨 일입니까? 제가 주님을 어떻게 섬겼는데 저를 이리 대하십니까!"

나이 마흔 중반을 넘긴 사역자가 돈 4만원이 없어 자동차 기름도 못 넣고, 식사 약속도 취소해야한다는 사실은 나를 초라하게 만들었다. 순식간에 하나님에 대한 분노가 내면에서 올라왔다. 이렇게 되자 이른 아침에 누렸던 성령 충만함은 온데간데없이 순식간에 사라져버렸다.

바로 그때, 성령님이 일하셨다. 목구멍까지 올라온 하나님에 대한 원망을 막으시며 "종택아, 이제 네가 나에게 고백했었던 말에 대한 책임을 져야지"라고 알려주셨다.

'네? 지금이 내가 그동안 쏟아내었던 하나님에 대한 신앙 고백에 대한 책임을 져야 할 때라고요?'

그랬다. 하나님께서 내게 하셨던 약속들을 책임감 있게 지켜주셨던 것처럼 나 또한 "하나님은 우리의 피난처시요 힘이시니 환난 중에 만날 큰 도움이라. 그러므로 땅이 변하든지 산이 흔들려 바다 가운데 빠지든지 바닷물이 솟아나고 뛰놀든지 그것이 넘침으로 산이 흔들릴지라도 우리는 두려워하지 아니하리로다(시 46:1-3)"라고 암송하며 어떤 시련 속에서도 그분을 결코 배신하지 않을 뿐 아니라, 오히려 감사하겠다고 선포했던 말에 대한 책임을 지라는 의미였다.

성령님께서 그 시간이 "바로 지금"임을 알려주신 것이다.

나는 잠시 숨을 고른 뒤 암송해왔던 모든 성경구절을 소리 내어 선포하며 "주님, 저의 고백으로 받아들였던 말씀들과 제 입술로 노래했던 모든 가사에 대해 삶으로 책임을 지겠습니다. 지금의 당황스러운 상황에도 제가 기뻐하며 찬송합니다!"로 화답하며 뜨겁게 찬송했다. 그야말로 자동차 안에서 곤두박질치던 내 마음을 역전시킨 기막힌 부흥회였다.

얼마의 시간이 흐른 뒤, 나는 집으로 돌아가려 유턴을 했는데 눈앞에 국민은행이 보였다. 때때로 재정 후원을 해주시는 동역자들이 생각이 나서 혹시나 하는 마음으로 은행 내 현금 지급기를 조회했다. 그런데 놀랍게도 그 사이 누군가 10만원의 후원금을 보내주신 것이 아닌가!

돈을 인출하고 돌아서는데 눈물이 핑 돌았다. 손에 들려진 10만원 때문이 아니라 불평과 원망이 내 영혼을 지배하려 했을 그 때, 성령님을 개입시킨 하나님의 세미한 사랑 때문이었다.

'만약, 주어진 시험에 온갖 불평과 원망 그리고 분노를 터뜨린 후에 이 돈 받았더라면 얼마나 부끄럽고 민망했을까? 당장 다음 주에 있을 집회에 "성숙한 기독교인의 믿음을 보이시라"고 도전하며 떳떳이 이야기할 수 있을까?'라는 생각을 하니 정말 아찔했다.

오늘도 진짜 예배가 무엇인지 성령님께 직접 배우며 경험했다.

예배처소는 내가 거하는 모든 곳이며 예배는 내가 한 말에 책임을 지는 삶, 그 자체인 것이다.

"하나님의 일하심을 신뢰하고 감사하겠다!" 고백했다면, 어떤 고난과 시련이 와도 감사해야한다. 그리하면 그분도 당신이 하신 언약의 말씀을 우리에게 지키신다.

하나님과 나 사이에 무한 신뢰가 바탕이 되는 예배, 정말 감동 아닌가?

새 노래 곧 하나님께 올릴 찬송을 내 입에 두셨으니
나의 영혼 기쁨으로 주를 향하여 고백하리로다

여호와를 기다리고 기다렸더니 내 기도 들으시사
기가 막힐 웅덩이와 수렁 속에서 건져내셨도다

그는 주, 전능자 내 영혼 다시 살리시는 주
그는 주, 전능자 내 삶을 역전 시키시는 주

- 장종택 라이브 워십 2집 앨범 수록곡

억지로라도
말씀 앞에

사람에게 크게 모욕을 당했다. 무척 화가 났고 자존심도 상했다. 생각할수록 속이 부글부글 끓었고 꼬리를 무는 부정적인 생각으로 이성을 잃어갔다. 내 심정을 담아 하소연 할 사람들을 찾다가 멈추었다. 무릎을 꿇고 나는 나 자신이 들으라고 소리 내어 알려주었다.

"성령에서 벗어나 자기 생각에 매여, 자기감정에 매여 내뱉게 되는 말들은 주위 사람들에게 독을 전염시키고 하나님께 죄를 범하게 만든다. 지금 내게 필요한 것은 사람에게 침묵하고 마음속 내 하나님께만 잠잠히 속상하고 괴롭고 허탈한 모든 것 아뢰는 것이다."

공교롭게도 어제 묵상했던 말씀이 내안에서 불쑥 올라왔다.

너희는 떨며 범죄하지 말지어다
자리에 누워 심중에 말하고 잠잠할지어다 (시 4:4)

시편 4편 4절
내 생각, 감정 죽이라고 4(死)편이고
내 자존심 죽이라고 4(死)절이라 여겨졌다.

한 밤중, 그렇게 내 안의 생각, 분노의 감정, 자존심을 하나씩 하나씩 죽여 갔다.
아침에 일어나니 어젯밤의 상한 감정은 사라지고 상쾌함이 은혜로 주어졌다. 억지로라도 말씀 앞에 나아가 순종했던 내게, 주님은 '특별한 하루'를 선물로 주셨다.

속지도 말고
속이지도 말자

"예수만 믿으면 만사형통한다!"
"예수만 믿으면 무병장수한다!"
"예수만 믿으면 자녀들 건강하고 좋은 대학가고 좋은 직장 얻어 성공한다!"

수많은 목사들이 외치자 성도들도 믿음을 갖고 따라 외쳤고 언젠가 주어질 그 형통과 복을 기다리며 교회를 다녔었다. 그런데 예수를 진짜 믿고 말씀대로 살아보니 이 말은 틀렸다. 진짜 예수를 믿었더니, 무겁고 미련하고 힘든 희생의 십자가가 주어졌다.

진짜 예수를 믿었더니, 손해보고 어렵고 불편한 좁은 길이 주어졌고
진짜 예수를 믿고 말씀대로 순종했더니 오히려 고난과 시련의 날카로운 정이 나를 쪼아댔다.

내 힘으로 무거운 희생의 십자가를 질 수 없었고 내 능력으로 불편하고 어려운 길을 걸을 수 없었다. 사방에서 쪼아대는 시련과 고통을 감당할 수 없어 믿었던 예수께 나아가 살려 달라 울부짖었다.

참 오랜 세월, 이리 보냈더니 환경과 상황이 변한 게 아니라 어느새 내가 달라졌다. 예수를 바라보는 내 눈이 달라졌다. 예수는 돈과 성공을 얻게 하는 방법이나 수단이 아니라 예수가 바로 그 형통이고 바로 그 복이더라.

내가 여호와께 아뢰되 주는 나의 주님이시오니
주 밖에는 나의 복이 없다 하였나이다 (시 16:2)

시편 말씀처럼 그 분이 형통이고 복이더라. 그래서 돈과 성공이 없어도 내 안에 그분이 계시니 행복하더라. 속지 말고 속이지도 말자.
자신이 말씀을 맛보지 못하고 자신이 생명의 말씀대로 살아내지 못하는 목사와 성도들에게 속지 말자.
그 목사와 그 성도가 바로 나 자신이 되어 남을 속이지도 말자.

너희는 말씀을 행하는 자가 되고 듣기만하여
자신을 속이는 자가 되지 말라 (약 1:22)

제일 쉬운 것은 게으름

인생에서
'게으름' 하나를 제외하고는 쉬운 것이 없는 것 같다.

하나님을 업신여겨 무시하는 행동

아침에 일어나면 하나님보다 핸드폰에 먼저 인사하는 것,
주중 드라마는 꼭 챙겨보면서 성경은 읽지 않는 것,
걱정과 염려로 마음 조리면서도 기도는 하지 않는 것,
입으로는 "주님 한 분 만으로 만족해"라고 노래하면서
돈으로 행복해하고 돈 때문에 마음 상하는 것,
게임, 뉴스, 유튜브, 음악에는 관심이 많아 시간을 할애하지만
정작 가장 사랑한다는 하나님에게는 관심 없어 시간 내지 않는 것,
친구에게는 존재감 있게 기억되려 애쓰면서도
하나님께는 '기억해 주시겠지'라는 안일함으로
그분의 존재를 의식조차 하지 않고 게을리 사는 것,
성경말씀을 지식과 정보로 받아들이고
삶으로 적용하지 않아 하나님 욕 먹이는 것,
하나님의 의도와 섭리를 깨닫지도 못하고 이해하지도 못하면서
함부로 "하나님이 말씀하셨다" 말하는 것,
하나님이 누구신지 경험도 없고 하나님의 선하심을 맛보지도 못하고
심지어 그분을 모르면서 아는 척 예배하는 것

짐승도 은혜를 갚는다는데 하나님의 은혜를 받을만하다며 당연하게 받아들이고
교회에 나가준다, 봉사해준다, 헌금해준다, 사역해준다는 식으로 교만 떠는 것.

이리 돌아보니 목사라는 나도
    예외는 아니구나.

나는 인애를 원하고 제사를 원하지 아니하며 번제보다
하나님을 아는 것을 원하노라 (호 6:6)

회중을 무시하지 말라

예배 사역자는 절대 회중을 무시해서는 안 된다.

예배 참석하는 회중 중에는 하나님과 단판 짓기 위해 이번 예배를 마지막으로 여기고 참석하는 사람도 있고, 숨 막히는 영적 곤고함을 이겨내기 위하여 정말 어렵게 마음먹고 참석한 사람도 있다. 또한 일주일을 하나님을 향한 갈망으로 간절히 기다리다 참석한 사람도 있다.

그렇기에 예배 사역자는 "이전까지 별 탈 없이 잘 해왔으니 이번에도 문제없이 잘해내겠지"라며 익숙한 레퍼토리에, 나름 노하우(knowhow)라는 경험에 의지해 안일하게 준비해서는 안 된다.

집회가 끝난 뒤, 어느 중년의 집사님이 내게 걸어오시더니 손을 꼭 잡고 눈물을 글썽이며 건네준 말씀이다.

"목사님, 고백할게 하나 있어요. 사실 오늘 하나님을 못 만난다면 저는 하나님을 제 삶속에서 지우려했습니다. 더 이상 교회에 나오지 않겠노라 다짐하고 나왔는데 오늘 집회 중에 하나님이 저를 만나주셨습니다. 하마터면 오늘이 제 인생의 마지막 예배가 될 뻔했습니다."

인생이 뒤바뀔 뻔했던 집사님의 비장한 고백을 듣는데 온몸에 소름이 돋았다. 자칫 잘못하였더라면 내게 맡겨진 천하보다 귀하다는 영혼에게 큰 죄를 범할 뻔했고, 나를 신뢰하고 그 귀한 영혼을 맡기신 예수님을 배신을 할 뻔 했다. 이래도 우리 사역자들이 경험에 의지하여 대충 준비하며 예배에 임할 수 있겠는가?

한날 주님 앞에 서게 될 때 반드시 맡긴 만큼 계산하신다는 주님의 음성을 들었다면 매너리즘에 젖어 게으르게 예배를 준비하면 결코 아니 된다.

> 주인의 뜻을 알고도 준비하지 아니하고 그 뜻대로 행하지 아니한 종은 많이 맞을 것이요 알지 못하고 맞을 일을 행한 종은 적게 맞으리라 무릇 많이 받은 자에게는 많이 요구할 것이요, 많이 맡은 자에게는 많이 달라 할 것이니라
> (눅 12:47-48)

우리가
진짜 좋아하는 것은?

우리는 좋아하는 일은 아무리 바빠도 하고
우리가 좋아하는 사람은 아무리 바빠도 만난다.
그런데 말이다.

그리 좋아한다고 고백했던 예수님은
내 삶의 모든 것이라 고백했던 예수님은
시간을 내어 만나지 않는다.

기도하는 시간이 따분하고, 말씀 읽고 묵상하는 시간은
재미없고 지루하기까지 하며
일상의 즐거움을 빼앗기는 느낌 같고 쓸데없이 소비하는 것 같아 시간이 나도 예수님을 만나지 않는다.
우리는 "예수님을 죽도록 사랑한다"는 아무런 증거 없으면서 그저 우기고 겉으로만 신앙생활하며 자신을 속이고 사는 것은 아닐까?

우리 마음과 양심을 감찰하시고
우리 생각의 근원을 예수님은 다 아시는데.

우리가 진짜 좋아하고 사랑하는 것은 과연 무엇일까?
우리가 살아가며 느끼는 네 가지 감정 '희로애락'의 동기는 어디에 있을까?

과연 예수님일까?
아니면 돈과 쾌락이 주인인 세상일까?

Episode 06

내 꼬락서니를
보게 해주셔서
감사합니다

내 꼬락서니를
보게 해주셔서
감사합니다

　4월의 이른 아침, 송파구에 위치한 이삭치과에 예배인도와 말씀을 전하러 가던 중 봄 햇살아래 담장 너머로 뻗어 나온 나뭇가지의 싱그러운 잎사귀가 보기 좋았다.
　잠시 멈추어 자세히 들여다보니 시간 차이로 세상에 나온 나무 잎사귀 색깔이 참으로 다양했다. 먼저 나온 짙은 초록의 나뭇잎, 갓 나온 옅은 초록 나뭇잎, 무엇보다 밤새 비가 왔는지 그 잎사귀 위에 맺힌 영롱한 이슬방울은 더욱 아름다웠다.

　"하나님은 어찌 이리도 섬세하실까!"라는 감탄이 절로 나왔다.
　다시 발걸음을 옮겨 한 블록을 지나는데 카페 앞 테라스에 놓인 예쁜 화분이 눈에 들어와 다시 걸음을 멈추고 쪼그려 앉았다. 화분에 심겨진 화사한 꽃과 이슬방울을 머금고 있는 싱싱한 잎사귀는 환상적인 조합이었다. 처음 보는 꽃 같아서 이리저리 자세히 들여다보다 순간 깜짝 놀랐다.
　조화였다.
　정말 진짜처럼 만든 인공 화초에게 감쪽같이 속은 것이다.

그때 문득 이런 생각을 했다.

'생화와 조화의 차이가 이것이구나!' 생화도 조화도 동일하게 하늘의 햇살과 비를 맞지만 생화는 그 햇살과 비를 통해 자라나고 꽃을 피우며 열매도 맺는다. 하지만 조화는 동일하게 햇살과 비를 맞아도 죽은 것이기에 자라거나 꽃을 피우지도 열매도 맺지 못한다.

영이 살아있는 사람과 죽어있는 사람이 이와 같겠다는 생각을 했다. 성령의 단비가 내리고 복음의 햇살이 내리는 집회와 예배 시간을 통해 영이 살아있는 사람과 영이 죽어있는 사람은 차이가 나는 것이다.

생화처럼 영이 살아있는 사람은 성령의 단비를 흡수하여 신앙이 자라고 복음의 햇살을 받으며 성령의 열매를 맺는 반면, 조화처럼 영이 죽어있는 사람은 성령의 단비는 흘러버리거나 증발시켜 버리고 복음의 햇살은 아무 의미 없이 무시해 버린다는 것이다.

어제 집회 후 눈물범벅으로 인해 화장이 지워진 권사님 한 분이 내게 다가와 손을 잡으시더니 "목사님, 내 꼬락서니를 보게 해 주셔서 감사합니다."라고 고백하셨다. 과연 이 권사님은 당신의 고백처럼 주님 앞에서 부끄럽게 살았을까?

아니다, 절대 아니다. 이런 분들이야말로 영이 살아있는 생화 같은 분들이다. 말씀 앞에 낱낱이 비추어진 자신의 모습에 애통하며 회개하여 다시 살아나시는 분들이다.

성령의 단비를 흡수하여 이전보다 더 신앙이 자라나는 분들이며 복음의 햇살을 받아 사랑과 희락과 화평과 오래 참음과 자비와 양선과 충성과 온유와 절제의 성령의 열매는 맺는 분들이다.

반면에 불효하는 사람은 자신이 불효자인지도 모르듯, 영적 사망의 잠을 자고 있는 조화 같은 사람은 자신이 누구인지도 모르고 신앙생활을 한다. 평신도에서 집사가 되고 권사, 장로가 되어도 이전의 모습에서 변하지 않는다. 이런 사람은 하나님도 이 사실을 알고, 주위 사람들도 아는데 자신만 자기를 모른다.

"저 장로님, 이 권사님은 내가 집사 때부터 쭉 봐왔었는데 똑같아, 전혀 변한 게 없어!"
"사람은 안변해, 변한 게 있다면 직분 밖에 없어!"라고 냉소적 태도로 비웃지 않았던가?

권사님의 고백을 통해 오늘도 확신하는 것은
내가 누구인지 들통이 나야 형통이 흐른다는 것이다.

예수님은 심장 같은 존재

예수님은 어느 날 갑자기 소나기 내리면
그제야 찾게 되는 우산 같은 존재가 아니라

내가 울면 조이듯 아프고
내가 웃으면 쿵쾅쿵쾅 뛰는
늘 내 안에 거하는 심장 같은 존재이시다.

이리 살면

사는 것은 늘 자기보다 더 잘 된 사람, 잘 난 사람보고 사니 부럽고 열등감 생겨 더 애쓰며 수고하고 신앙생활은 늘 자기보다 더 연약한 사람, 게으른 사람보고 사니 자기가 잘나 보여 안주하고 수고하지 아니한다.
이리 살면 몸은 고단하고 영혼은 피폐해진다.

하지만 사는 것은 늘 자기보다 더 어렵고 힘든 사람보고 살면 자기 가진 것이 많아 보여 감사하며 자족을 누리다 오히려 나누게 되고 신앙생활은 늘 자기보다 더 성실하고 순종의 열매를 맺어가는 사람보고 살면 영적 자극받고 깨어나 날마다 주의 은혜를 구하고 주님과 가까이 하는 복을 누린다.
이리 살면 몸은 새 힘을 얻고 영혼은 날마다 새로워진다.
요즘 내가 연습하고 실천하는 훈련이다.

하나님께 가까이 함이 내게 복이라 (시편 73:28)

바라지 말고
움직여라
(Stop wishing, Start dong)

주일 오전 내포중심교회 집회 때문에 토요일 충남 홍성에 미리 내려왔다. 목사님의 배려로 아담하지만 유럽풍의 게스트룸에서 하룻밤을 보내고 초겨울 날씨의 느긋하고 상쾌한 아침을 맞았다.

벽면을 꽉 채우고 있는 TV와 스마트폰의 유혹을 뿌리치고 개인예배하기 위해 노래를 들었다.
그분 앞에 나와 무릎을 꿇고 생각을 비우고 마음을 열었다.

그런데 어느 한순간 이 예배음악조차도 하나님과의 소통에 거추장스러운 갑옷같이 느껴져 음악을 껐다. 공기의 흐름까지도 느낄 것 같은 적막 속에서 주님을 기다렸더니 내 안에 쌓여있던 말씀들이 하나 둘 꿈틀거리며 살아난다.

내 죄악들이 그 말씀의 빛에 들춰져 주님께 용서를 구하는 회개가 일어나더니 이내 평안이 나를 점령한다.

오늘 진행될 집회에 대한 주님의 개입을 구하며 주님의 의도를 올바로 따라가는 영적 분별력을 위해 기도하며 내안에 주의 선하심과 인자하심이 풍성히 채워지는 영적 쉼을 누린다.

자, 이제 집회할 교회로 이동해야 할 시간이다.
하나님을 마음으로만 갈망하는 것으로 끝나지 않고 자리를 박차고 일어나 그 분께 나아가는 것이 예배임을 배우는 아침이다.

온도계와
온도조절기의
차이

환경에 맞게 적응하기는 쉽지만
환경을 자신에게 맞추어 변하게 만들기는 쉽지 않다.

환경에 적응하는 것은 자연스럽고 편하지만
환경을 자신에게 맞추게 하는 것은
거슬러야하고 힘들고 불편하기 때문이다.

온도계는 언제나 주어진 환경에 적응을 한다.
추운 영하의 장소에 가면 영하의 온도를 나타내고
더운 영상의 장소에 가면 영상의 온노를 나타낸다.
자신을 환경에 맞춘다.

하지만 온도조절기는
늘 자기에게 주어진 환경을 자기에 맞게 바꾼다.

추운 영하의 장소는 따뜻한 온도로 바꾸고

더운 영상의 장소도 시원한 온도로 바꾼다.

그렇기에 그리스도인은 환경에 따라 자신의 온도를 바꾸는 온도계가 아니라 환경을 바꿔 자신의 온도에 맞춰버리는 온도 조절기다.

교회에서는 교회에 맞게 종교언어를 사용하고, 거룩한 고백을 하지만 세상에서는 세상에 맞게 쾌락과 욕망을 위해 타협하는 사람으로 자신을 바꾸는 온도계 같은 사람이 아니라 교회에서 정직하고 순결하며 거룩하게 살겠다고 고백하고 선포를 했다면 그 고백에 대한 책임지는 삶으로 세상을 바꾸어가는 온도조절기 같은 사람이 그리스도인이다.

온도계 같은 사람은 세상에 묻혀 동화되어버리지만
온도 조절기 같은 사람은 세상을 바꾸어버린다.

너희는 이 세대를 본받지 말고 오직 마음을 새롭게 함으로 변화를 받아
하나님의 선하시고 기뻐하시고 온전하신 뜻이 무엇인지
분별하도록 하라 (롬12:2)

그래, 그리 살자, 복음을 삶으로 살아내자.
온도조절기처럼 살아내자.

세상은 나의 정체가 온도계인지, 온도조절기인지를 알아내기 위해 소리 없이 나를 계속 뚫어지게 바라보고 있음을 잊지 말자.

예배 사역자에게 있어 본질이란?

본질이 중요한 이유는
본질이 나를 살리고 본질이 나를 나 되게 하기 때문이다.
본질 없이 비본질에게 자신을 빼앗기면
반드시 비본질에게 배신을 당한다.

예배 사역자에게 본질은 예배이고
예배 사역자에게 비본질은 사역이고 예배 음악이다.

그래서 사역이 없어도, 음악이 없어도
예배 사역자는 예배를 할 수 있다. 초대교회가 그랬지 않은가?
반면에 사역은 하면서, 음악은 하면서 예배는 못할 수 있다.

예배 사역자는 비본질인 사역과 음악에만 탁월한 기능인이 아니라
하나님 닮아가는 인격을 가진 예배자에서 출발해야 한다.

예배 사역자에게는 항상 본질인 예배가 우선이고 비본질은 사역과 음

악은 그 다음이다.
본질이 채워진 뒤 본질이 비본질로 흘러가야한다.

본질이 살면 비본질도 살지만 비본질만 살면 본질을 살릴 수는 없다.
그렇기에 예배 사역자에게는 하나님과 독대하는
'개인 예배'라는 본질을 잃어서는 안 된다.

오늘이 이 땅에서의
마지막이 될 수 있음을
잊지 말라

스물네 살의 신실한 찬양 사역자가 갑자기 사고로 주님께로 갔고, 두 아이를 둔 30대 중반의 순결한 찬양 사역자가 암으로 주님 나라에 갔다. 누구보다 성실하고 신실하게 하나님을 섬겼던 사람들의 뜻밖의 소식에 망연자실했다. 어떻게 이럴 수가?

3년 전 둘째 온유가 희귀병으로 사경을 헤맬 때에 깨달았던 가르침이 생각이 난다. 우리는 보험에 든 사람처럼 보장 없는 미래에 기대어 막연히 인생을 살아가지 않나?

오늘 지나면 내일이 오고, 이번 주가 지나면 다음 주가 당연히 올 것이라 믿으니 먼저 발등에 떨어진 삶의 급한 불부터 끄자며 우선순위를 세상에 둔다. 그 세상일에 분주한 채 또다시 다음 달은 올 것이고 내년도 올 것이니 주님 잊고 오늘 하루 이 땅의 가치를 추구하며 쾌락을 누리고 산 들, 그게 뭐 대수일까 하지 않나?

그런데 오늘 신발을 벗고 침상에 들어갔다 내일 그 신발을 다시 신을 수 있다고 누가 장담할 수 있나? 뉴스와 신문에는 오늘도 수많은 사건 사고로 죽음을 맞이한 사람들의 기사가 가득한데 그 주인공들 중에 아침 신발을 신고 집을 나서며 오늘이 자신의 마지막 날 일거라 인지했던 사람이 한명이라도 있었을까?

하나님께서 우리 이름 부르시면 쫓았던 세상 즐거움, 쌓아놓았던 명예, 모아두었던 재산, 이 모든 것 내려놓고 그분 앞에 가 심판 받을 인생일진데, 우리는 그 사실을 잊고 두려움 없이 살아가지는 않나?
분주하게 인생을 걷던 내 영혼이 잠시 멈추어 주님 계신 하늘을 바라보았다.

주위 사역자들의 갑작스러운 죽음을 통해 오늘 하루라는 무게감을 느낀다. 내일, 다음 주가 아니라 오늘이라는 인생의 마지막 날이 바로 내 코앞에 있음을 알게 하시니 이것이 은혜이리라.

오늘 주어진 사역, 만나는 사람들 그리고 주님의 퍼즐 같은 섭리와 인도하심을 가벼이 여기지 않고 언제 어디서 생(生)을 마감하더라도 후회하도록 인생 마지막 날인 오늘이란 선물을 후회 없이 잘 살아내야겠다.

막내딸이 알려준
나의 정체성

아침에 일어나니 아내가 여덟 살인 막내 세빛이가 내가 자고 있는 모습을 그려놓았다며 그림 한 장을 건넸다.

나는 오래 전에 탈모가 시작되어 빡빡머리 스타일로 지내왔다. 그렇기에 아이들이 내 모습을 그림으로 나타낼 때는 항상 머리카락 없는 사실적 모습이 담겨져 있다.

오늘 그림도 이전과 다를 바 없는 그림이라 별 감흥이 없었는데, 찬찬히 살펴보다 웃음이 터졌다. 화살표가 향해있는 나의 자는 모습에 '장종택 목사'라고 적어 놓은 것이다. 혼자 그림을 그린 뒤 엄마에게 묻지도 않고 나의 정체를 이리 적어 놓았다.

여덟 살 어린 딸도 나를 목사로 아는구나!
딸이 생각하는 나의 정체성은 목사였구나!

오늘 아침 시편 15편을 묵상했다. 딸의 그림을 본 후, 시 15편 말씀을 다 외우기로 작정했다. 시편 15편은 하나님을 이상적으로 예배하는 자를 기리는 말씀이다. 하나님을 예배하는 목사라면 마땅히 이리 살아야 함을 알려주는 말씀이다.

막내딸이 나의 삶을 지켜보며 목사로 인정해줬다면 당연히 이 말씀을 온전히 암송하여 삶으로 적용해야 하는 것이 마땅하다 생각했다. 초등 1학년 딸이 그림 한 장으로 내게 도전을 주었다.
영적 도전이 되었다면 받아들이고 행하여야 하지 않겠나?

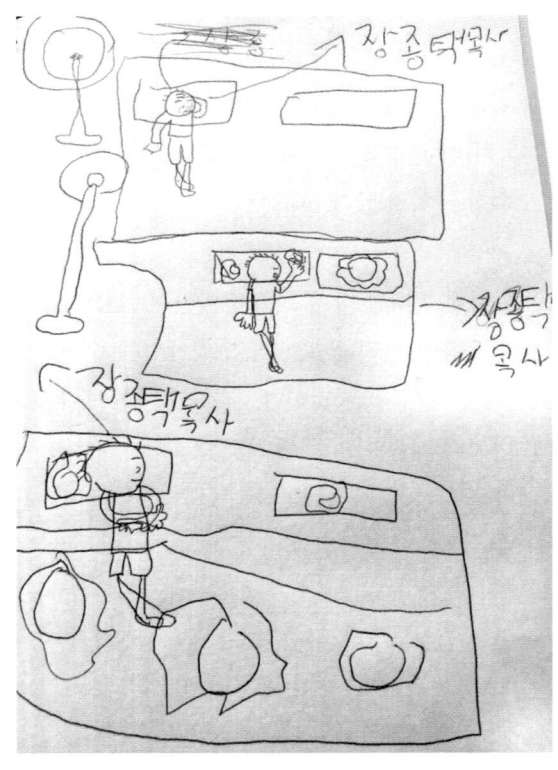

그리스도인은
비상구를 닫고
배수진을 치는 사람

그리스도인은
비상구를 만드는 사람이 아니라
배수진을 치고 사는 사람이다.

왜냐하면 편안하고 안전한 길로 가는 비상구는
성령님이 일하지 못하시게 묶어두지만

불편하고 벼랑 끝에 서게 만드는 배수진은
성령님을 일하게 만들기 때문이다.

손발이
잘 맞아야
할 텐데

예수님은 "나를 따라오라" 하시는데
나는 입으로 "주님, 믿습니다"라고만 한다.

예수님은 "다 버리고 다 태워버리고 배수진을 치라" 하시는데
나는 혹시라도 모를 상황에 대비해 비상구만 만든다.

능력으로 가득하신 예수님은 겸손하여 쉬지 않고 기도하셨는데
능력은커녕 자신을 추스르기도 힘든 나는
끊임없이 내 걱정, 내 근심 그리고 내 염려만 한다.

도둑질도 손발이 맞아야 할 수 있다는데
생명을 건지는 일에 영 손발이 맞지 않다.

오늘만큼은 배수진을 치고 조금이라도 주님과 손발을 맞춰야겠다.

비상구를 닫고
배수진을
쳐봤다더니

　미국 생활 13년 만에 영주권을 받게 되었다. 오랫동안 힘든 과정을 거치며 피 말리는 상황 속에서 절박하게 기도하며 받게 된 영주권은 그야말로 감격적인 기도의 응답이었다. 그리고 동시에 여행 허가증이 주어져 10년 만에 한국을 방문하게 되었다. 당시 나는 약 3주간 한국 교회와 신학교를 방문하며 집회와 강의할 기회를 얻었고 많은 사역자들과 소통하며 한국교회를 경험하였다.

　그 짧은 기간 동안 한국으로 돌아와 사역해야 할 사명을 발견한 나는 미국으로 돌아오는 비행기 안에서 하나님께 "한국에서 사역하겠습니다."라는 서원기도를 하였다. 그리고 약 4개월 동안 미국생활을 청산하면서 영주권도 포기했다.

　내가 영주권 취득 때문에 얼마나 힘들어했는지 아는 지인들은 영주권을 포기한다는 소식에 바보 같은 짓 하지 말고 미래를 생각해서 지혜롭게 대처하라고 여러 가지 조언을 해주었다. 사실 한국에 거주해도 영주권을 유지할 수 있는 방법도 익히 들어 알고 있었다.

　하지만 내가 성경을 통해 배운 것은 "혹시 하나님이 안 돌보아주시면 어찌하나? 그때를 대비해서 내가 무엇인가 준비는 해놔야지"라며 비상구를 만드는 신앙이 아니라 에스더의 "죽으면 죽으리라"(에 4:16)했던 배수진을 치는 신앙이었다.

만약 영주권을 소유한 채 한국에 들어가 사역하게 된다면 어려울 때마다 "힘들면 다시 미국 들어가면 되지, 미국에서도 열심히 사역하지 않았나? 한국에서의 사역은 그냥 한번 시도해보는 거야"라며 죽기로 작정하고 사역하기보다 영주권에 의지할 수 있음을 알기에 하나님을 온전히 신뢰한다는 뜻을 내포한 배수진을 선택한 것이다.

사실 13년 만에 받은 영주권을 포기한다는 결정은 정말 어려웠다. 그 당시 내가 사용할 수 있는 비자는 이미 미국에서 다 사용했었고 영주권 없이 미국에 들어가려 다시 미국 비자를 준비한다는 것은 엄두도 나지 않았다. 미국은 제 2의 고향과도 같은 곳이었고 내 젊음을 같이 한 땅이었으며 내게 예배에 대한 꿈을 키워주었고 수많은 위대한 하나님의 사람들을 만나 예배를 배우게 했던 땅이었기에, 이후 미국에 다시 돌아갈 수 없다는 사실은 실로 크나 큰 아쉬움이었다. 하지만 미국을 포기하고 한국으로 돌아왔고 나는 죽을힘을 다해 노력하며 사역하러 다녔다.

7개월이 지난 어느 날, 하나님은 내게 선물을 주셨다.
미국비자면제 프로그램인 ESTA가 생겨났고 이것을 통해 무비자로 미국 방문이 허락된 것이다. 비자를 받기위해 복잡하고 힘든 서류를 준비할 필요도 없고, 미국 대사관을 직접 방문하여 인터뷰를 받을 필요도 없어졌다. 신청 당일 인터넷으로 발급받을 수 있으며 결격 사유가 없으면 비자 없이 3개월 미국 방문이 허락된 것이다.

아, 얼마나 감사한가?
　사람들은 한국과 미국 간 오랜 회의와 소통을 통해 주어진 외교의 성과물이라 말지라도, 내게는 배수진을 치고 내 소중한 것을 드렸더니 하나님이 그것을 되돌려주신 선물임을 부인할 수가 없다.

나의 예배를 풍요케하는 하나님과 나만 아는 이야기

　이런 삶의 이야기들이 하나님의 본심을 알아가게 하고 그분에 대한 신뢰가 더 쌓여 이전에 가보지 못한 또 다른 수준(level)더 깊은 예배로 인도한다. 비상구를 닫고 배수진을 치고 살아봤더니 하나님은 당신이 만드신 새로운 문을 열어주셨다.

Episode 07

살아 있는 은혜를
유통하는 자가
되라

살아있는 은혜를
유통하는 자가
되라

펄쩍 펄쩍 뛰는 활어처럼
살아있는 은혜를 유통하는 자가 되라.

하나님을 듣고 보고 경험한 후
그것만 전하는 사역자가 되라.

남의 체험, 남의 고백을
자기 체험인 양, 자기 고백인 양 쏟아내는
가짜가 되지 말고
진짜를 유통시키는 사역자가 되라.

자기 체험, 자신의 고백이라도
유통기간이 지난 것은 미련 없이 내려놓고
이번 주에 보고 듣고 겪었던 하나님,
어제 누렸던 은혜에 대한 고백으로
자신 안에 살아있는 새로운 감동을 유통하라.

우리 마음의 모든 비밀을 아시는 주께서
사역하는 우리를 뚫어지라 지켜보고 계심을
결코 잊지 말라.

하나님이 이를 알아내지 아니하셨으리이까
무릇 주는 마음의 비밀을 아시나이다 (시 44:21)

정작
자신을 먼저 살리는
정직한 중보기도

정직한 중보기도는 남을 위해 시작한 기도이지만 정작 자기 자신을 먼저 살리는 기도이다.

중보기도는 약속이다. 약속은 지키라고 있는 것이다. 그러니 기도해야한다. 그렇게라도 기도하게 되면 자신을 돌아보게 되고 영적 양심이 살아난다.

드라마나 예능 프로를 볼 때는 한두 시간 TV에 쑥 빠지면서도 성경묵상과 기도 시간내기에는 그렇게도 인색했던 자신의 모습을 보게 되며, 손익 계산을 통해 자신에게 이익이 된다면 불법, 편법, 타협과 거짓말조차 거리끼지 않았던 자신의 모습을 보게 되니 "나 같은 사람의 기도를 주님 들으실까?"라는 불편함이 올라온다.

이렇듯 정직한 중보기도는 스스로 보지 못한 내면의 죄를 먼저 지적해주며 그동안 막혀있었던 하나님과 자신의 문제를 우선적으로 해결하게끔 도와준다. 또한 정직한 중보기도는 남을 위해 기도 하기 전, 자신을 위한 기도를 하게 만든다.

여호와께서 능력이 부족하여 너희를 구원하지 못하는 것이 아니며 귀가 둔하여 너희 부르짖는 소리를 듣지 못하는 것이 아니다. 너희 죄가 너희를 하나님과 분리시켜 놓았기 때문에 그가 너희를 외면하고 너희 부르짖음에 귀를 기울이시지 않는 것이다(현대인의 성경 사 59:1)

죄악은 하나님과의 영적 불통을 일으킨다. 죄악을 맛보고 즐기면서 하나님께 손을 펴 절박하게 기도한다 할지라도 우리의 부르짖음에 귀를 기울이시지 않는다고 하나님은 정확하게 말씀하셨다.

너희가 손을 펼 때에 내가 내 눈을 너희에게서 가리고 너희가 많이 기도할지라도 내가 듣지 아니하리니 이는 너희의 손에 피가 가득함이라 (사 1:15)

중보기도는 나로 회개케 하여 하나님과의 소통을 이루어지게 돕는 수단이며 하나님을 의식하는 영적 감각이 깨어있도록 자극하는 귀한 도구인 것이다. 지금까지 내가 그나마 사역하며 살아올 수 있었던 이유도 나를 먼저 살리는 정직한 중보기도가 내 삶의 한 부분으로 존재했기 때문이다.

주님의
세심한 배려

내가 만든 노래가 유명해서, 세미나를 탁월하게 진행해서, 맞춤형 집회 메시지를 잘 전해서, 죽다 살아난 간증거리가 있어서 쉴 새 없이 초청받으며 사역하는 것이 아니라 '딴 생각하지 말고 이렇게라도 당신 곁에 붙어있으라'는 나를 향한 주님의 배려이며 긍휼임을 잊지 말라.

초청 사역이 없어 집에 있으면 내가 주구장창 성경을 읽을까?
예배당 지하 기도실을 찾아가 주의 이름 부르짖으며 기도하고 시간을 보낼까?

난 결코 내 자신이 그리 시간을 보낼 것이라 장담하지 못한다.
사역이 있으니 그나마 집회와 회중들을 위해 기도하고 사역이 있으니 그나마 말씀 묵상하고 영적 충전을 하며 나를 돌아본다.
사역이 있으니 하나님만 이야기하고 하나님만 노래하고 사역이 있으니 주어진 시간 하나님만 생각하고 그분에게만 집중한다.

내 영혼 살리려고 주님께서 곁에 머물게 하신 그 긍휼과 은혜가 '사역'이란 단어로 주어진 것이니 사역 횟수가 많다고, 사역 규모가 커진다고 결코 자랑하거나 교만해서는 안 된다.

우리에게 주어진 예배팀, 교사, 찬양대, 안내와 헌금, 주차 그리고 주방 등의 모든 봉사와 섬김이 내가 잘나서 주어진 직분이라 생각지 말고, 이렇게라도 주님 더 생각하고 주님 곁에 있으라는 주님의 긍휼과 세심한 배려임을 잊지 않아야 한다.

주님 나를 사랑하셔 곁에 두고 싶어 하신다는 주님의 마음을 기억한다면 사역 없어도 그 분 곁에 머무는 연습을 꾸준히 해내야 할 것이다.

교회 권위자는
섬김의 상징

교회의 권위자는 자신이 원하는 대로 행동하고 자신의 생각만이 하나님의 뜻이라 여겨 마음대로 결정하는 기득권과 힘을 가진 사람들이 아니라, 교회의 권위자는 성도들이 하나님이 원하시는 삶을 살도록 그들을 기쁨으로 돕고 자신을 내어놓아 섬기는 사람이다.

직분자들의 "권위"라는 단어의 개념과 인식 차이 때문에 함께 신앙 생활하는 성도들이 억압을 당하고 시험에 들어 마음의 상처를 받기도 하고 반대로 성도들이 즐겁고 행복한 신앙생활을 누리게 되기도 한다.

권위를 나타내는 목사, 장로, 권사 등의 직분은 특정한 사람에게 주어진 기득권이나 힘, 서열의 상징이 아니라 섬김의 상징이다.

> 우리는 우리를 전파하는 것이 아니라
> 오직 그리스도 예수의 주 되신 것과
> 또 예수를 위하여 우리가 너희의 종 된 것을 전파함이라 (고후 4:5)

하나님과 본체이신 예수님이 보여주신 권위는 섬김으로 시작하여 목숨까지 내어놓은 사랑으로 끝맺었다는 사실을 우리는 알고 있지 않나?

지위나 권력으로 권위를 오해하는 직분자는 양의 탈을 쓴 늑대가 권위를 통해 자신의 본심을 드러내는 것이다.

1퍼센트 과즙이
붙여준
이름

　오늘 나의 다이어트 점심은 바나나 스낵에 바나나 우유, 완전 깔맞춤이다. 마시기 전 바나나 우유 용기를 보니 바나나 과즙이 1퍼센트 들어있다고 적혀있다. 과즙 1퍼센트가 들었음에도 바나나 우유라 부른다는 것이 흥미로웠다.

　많은 매체들이 설문조사를 통해 기독교인 숫자가 줄어들고 있다고 알리고 있다. 하지만 제대로 예수님 만나고, 제대로 좁은 길 걷는 순전한 기독교인들이 1퍼센트만 있어도 그 나라는 기독교 국가라 부르지 않을까?

　그리스도인들이 줄어든다고 걱정할게 뭔가?

　억압과 박해 속에서도 소수의 진정한 그리스도인들은 복음을 전염병처럼 퍼트리지 않았나? 암울했었던 시대를 통해 오히려 보석 같은 하나님의 영웅들이 드러나지 않았나? 이스라엘이 멸망하는 그 순간에도 여전히 하나님은 일하시지 않았나? 주의 말씀을 절대가치로 여겼던 진짜 그리스도인들의 순교 때문에 척박했던 대한민국 땅까지 복음이 들어왔지 않았나?

비록 그리스도인들이 1퍼센트밖에 되지 않는 소수라도 진짜 그리스도인들은 반드시 또 다른 생명을 낳는다.

무엇보다 중요한 것은 "내가 과연 그 1퍼센트의 진짜 그리스도인이 맞느냐" 하는 것이다.

매일
주님과
함께하면

매일 동일하게 주어지는 24시간 중에
매일 다른 기적의 은혜를 발견하게 됨은
매일 일하시는 주님의 성실함 때문이다.

아침 암송하는 말씀 속에서
이동하는 버스 안, 기도 속에서
차창 너머로 보이는 풍경과 빗물 머금은 초록의 자연 속에서
주님을 의식하고 그분과 함께 걸으니
몰아치는 마음의 공허와 소망을 허무는 현실의 절망
그리고 죄악을 불러오는 게으름을 주님이 몰아내어 주신다.
들쑥날쑥한 얕은 감정과 나약한 의지로 인해 어느새 걱정과 염려,
두려움과 죄악으로 지저분해져 있는 내 마음의 방을
주님께서 깨끗하게 청소해 주신다.
하루를 주님과 시작했으니 오늘을 마감하는 그 시간까지 세상에 흔들
리지 않도록 주님 향한 마음을 지켜야겠다.

내가 여호와를 항상 내 앞에 모심이여
그가 나의 오른쪽에 계시므로 내가 흔들리지 아니하리로다
이러므로 나의 마음이 기쁘고 나의 영도 즐거워하며
내 육체도 안전히 살리니 (시 16:8-9)

이런 묵상을 하니 무거웠던 마음의 짐은 가벼워지고,
소망이 살아나 여유도, 용기도 생긴다.
암송했던 주의 말씀을 작은 소리로 읊조리고 낮은 소리로 되뇌이니
살아있는 말씀이 응원을 한다.

늘 그랬듯이 세상은 오늘도,
내일도 절망을 말하겠지만 주님과 함께하니 절망 너머에 있던 소망
이 내게 성큼 다가왔다.
부부가 닮아가듯 나또한 주님과 매일 동행한다면 분명 세상 이기신
그분을 닮아가겠지?

무릇 하나님께로부터 난 자마다 세상을 이기느니라
세상을 이기는 승리는 이것이니 우리의 믿음이니라 (요일 5:4)

새 마음이 담긴
새 노래

안양교회 집회를 마치고 이동하는 중에 문자가 왔다. 모르는 노래를 부르시면 다들 따라하지 않으신다고, 그래서 은혜 받지 못했다고 불평을 하신다는 내용이었다. 문자를 읽자마자 또 하나의 구체적 내용이 담긴 문자가 '띵' 소리를 내며 들어왔다.

'지난번 초청된 사역자는 자신의 노래만 불러 함께 따라하지 못한 회중들의 불평, 불만이 이만저만이 아니었기에 교역자 회의를 통해 결정했는데 그것은 누구라도 따라 부를 수 있는 노래, 많이 알려진 노래를 초청 사역자들에게 미리 부탁하는 것'이라고 알려주는 최전도사님의 문자였다. 나는 그 부분에 대한 이해를 했으니 이번 집회는 그저 내게 맡겨달라는 답문을 보내드렸다.

시간이 흘러 오늘 집회를 했다. 이전과 같이 회중들이 모르는 내가 만든 노래로 집회를 진행한 후, 예배당 맨 뒷자리에 앉아 있는데 환한 웃음을 머금은 최전도사님이 다가왔다.

"전도사님, 제게 부탁의 문자까지 보내주셨는데 그 약속을 지키지 못했네요. 미안합니다." 했더니 손사래를 치며 내게 이리 전한다.

"아이고 목사님, 제 자신이 은혜 받느라 정신없었기에 성도님들에게는 신경 쓸 여유도 없었습니다. 목사님 고맙습니다!"라고

그랬다. 늘 그러하셨듯이 성령님은 회중들을 휘저어 놓으셨다!
잘 아는 노래로 집회의 분위기나 탁월한 음악으로 회중들의 감정을 흔드는 것이 집회의 본질이 아니다. 집회의 본질은 회개와 회복, 결단을 일으키는 순수한 복음이다.

사람의 생각이 섞이고 사람을 향한 배려가 말씀의 내용보다 더 많이 섞인 "볶음 같은 복음"이 아닌 순결한 말씀(organic message)이 담긴 순수 복음이 본질이다.

잘 아는 노래와 음악으로 집회 분위기는 바꿀 수 있겠지만 사람은 바꿀 수 없다. 그러하기에 노래하기 전, 말씀으로 하나님과의 관계가 회복되어야 한다.

예배는 일방적으로 우리의 감정을 노래에 담아 쏟아내는 시간이 아니고, 노래 가사를 하소연이나 넋두리로 삼아 스트레스 해소하는 시간도 아니다.

예배는 우리 자신에게 초점을 맞추는 것이 아니라 하나님께 맞추는

것이다. 자기중심적인 예배에서 하나님 중심적 예배로 전환되면 어떤 노래를 불러도 심장이 뛰고 눈물을 쏟아낸다.

북한의 그리스도인들이 그렇지 않은가?
그들에게는 예배당도 없고 조명이나 좋은 음향, 악기도 없다. 카타콤 시대처럼 지하에서 숨어 예배하지만 "예수"라는 단어만 나와도 심장이 뛰고 터져 나오는 눈물로 감격해하지 않는가?
왜냐하면 그들에게 예수라는 단어는 한 순간도 없으면 안 되는 호흡이며 눈에 보이는 소망이고 인생의 전부이기 때문이다.

인본주의 예배에서 신본주의 예배로 돌아서고, 섞은 복음을 비워내고 순수 복음으로 우리를 채우면 오랫동안 불러왔던 노래도, 처음 부르는 노래도, 아니 어떤 장르의 노래도 새 마음이 담긴 감격의 노래로 바뀐다.

감격스러운 예배현장 사진

어제 분당 지구촌교회 800여명의 젊은이들과 미치도록 성령님께 반응하며 열정적으로 주님께 예배했었다.

늦은 저녁, 문득 어제 예배했던 장면들이 찍힌 사진이 있을까 싶어 분당 지구촌교회에서 사역하고 있는 후배 정희엽 목사에게 문자로 부탁했다. 그런데 이러한 답문이 왔다.

"형님 오늘도 집회 잘 하고 계시나요? ^^ 어제 워십 투나잇(worship tonight) 집회 때 찍은 사진이 없다고 하네요. ㅠㅠ 다들 뛰고 찬양하느라 ㅎㅎㅎ"

"뛰고 찬양하느라 아무도 사진 찍을 생각도 못했다"라는 이 말처럼 감격적인 사진이 어디 있을까?

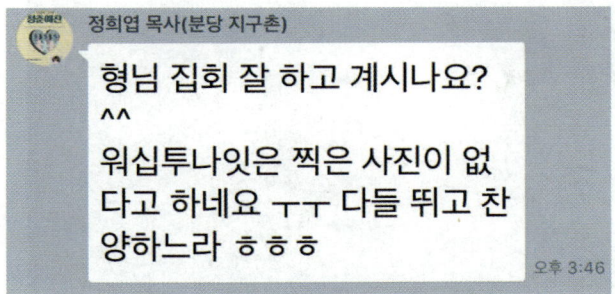

하나님의 판단에
내 인생이
계산되니

성경은
"건축자의 버린 돌이 모퉁이 돌이 되었다"(시 118:22, 마 21:42)고 했다.
건축자는 집 짓는데 전문가인 사람들이었지만
그들은 그들의 판단대로 쓸모없다하여 그 돌을 버렸다.

그러나 그들이 버린 돌은
하나님의 눈에는 가장 중요한 돌이었다.

사람들 눈에 드는 사역자가 아닌
하나님 눈에 드는 사역자가 되어야지
사람들이 알아주는 사역자가 아닌
하나님이 알아주는 사역자가 되어야지

사람들에겐 쓸모없다 여겨지고 버려져도
하나님이 귀하다 여겨 거두시는 사역자가 되어야지

한 날, 하나님 앞에 섰을 때
사람들의 판단은 아무 쓸모없고
오직 하나님의 판단에 내 인생이 계산되니

사람들에게 휘둘리지 말고
하나님께만 초점 맞추는 지혜로 살아가자구나.

주님의 등만 의지하는, 그분의 등에 업혀가는
그분의 자녀로 살아가자구나.

부끄러운 줄
알자

자신의 영성과 실력에 자신 없을 때
자신의 인맥과 스펙을 내세우게 된다.

Episode 08

하나님의 입장을
생각해 본다면

하나님의 입장을 생각해 본다면

내 딸아이를 보면 이리도 좋다.
어렵게 뽀뽀 한번 받으면 그렇게 황홀하다.
내 자녀가 이리도 예쁘고 좋은데 우리 하나님도 그러시지 않을까?

내가 예쁜 짓을 할 때 바라보는 환한 하나님 얼굴과 숨어서 죄악을 즐기는 나를 바라보는 실망 가득한 하나님 얼굴을 떠올리니 하나님의 감정이 실제적으로 공감이 된다.

내 생각의 근원을 아시고 심령을 감찰하시어 모든 것을 다 보시는 하나님. 오늘 아침, 딸아이를 보면서 숨어서 즐겼던 나의 죄악을 회개한다.

그리스도인
같기도 하고,
아닌 것 같기도 하고

인생 어정쩡하게 살면
나쁘게 산 것보다 더 후회하듯
신앙생활 대충하고 살면
신앙생활 하지 않은 사람보다 더 후회한다.

신앙생활 뜨뜻미지근하게 하면
신앙생활 하지 않은 사람보다 더 억울해한다.

교회 다니다가, 봉사하다가, 직분 받고 살다가
헌금도 열심히 하고 단기선교까지 다녀오는 열정으로 살다가
천국 문, 구원의 문 통과하지 못하게 된다면
이보다 더 억울하고 후회할 일이 어디 있을까?

교회에서는 세상 잊고 교회 일에 열심이고
세상에서는 신앙 잊고 세상 일에 열심인 사람
교회에서는 하나님이 삶의 주인이고

세상에서는 돈이 삶의 주인인 양다리 걸친 사람

주여 주여 불렀던 열심 있었던 자들,
주 앞에서 먹고 마셨던 자들,
주의 가르침을 받았던 자들에게 예수께서 말씀하셨다.

천국에 들어가기를 구하여도 못하는 자가 많으니라 (눅 23:23-24)

천국에 들어가길 원해 좁은 문, 협착한 길이 가치 있다고 입술로 고백하지만 천국에 들어가지 못하는 넓은 문, 큰 길이 가치 있다고 삶으로 선택했던 사람들

하나님 나라에 들어가고 싶어 해도, 들어가지 못하는 기독교인

가짜 기독교인
흉내 내는 기독교인

미쳐본 적이 있는가?

목적을 위해
미쳐본 적이 있는가?
미쳐야만
목적에 미칠 수 있다.

그렇다면 삶의 목적인 예수에 미쳐본 적이 있는가?

주는
죄악을
기뻐하지 않으시는 분

아내가 야식으로 치킨이 먹고 싶다하여 치킨 전문점보다 가격이 싼 근처 마트로 갔다. 아내는 입맛이 다양한 아이들과 함께 먹을 요량으로 양념 치킨과 후라이드 치킨 두 마리를 내게 부탁했다.

나는 마트에 들러 치킨 파트에 가서 주문을 하고 기다렸다. 얼마 되지 않아 치킨은 준비되었고 요리하셨던 분이 아래 박스에 양념 치킨을 넣었고 그 위 다른 박스에는 후라이드 치킨을 넣어주었다. 두 박스를 포개더니 비닐 백에 봉하여 건네주었다. 비닐 백 안에 있는 치킨 박스는 겉으로 보기에는 어느 것이 양념 치킨인지, 후라이드 치킨인지 구분을 할 수 없었다.

계산대로 가서 치킨박스를 올려놓으니 일하시는 분이 위의 박스를 살짝 열고 후라이드 치킨을 확인하고는 후라이드 치킨 두 마리 가격으로 계산하셨다.

그 순간 아래 박스에 양념 치킨이 담겨있음을 아는 나는, 계산하기 전 아래 박스에 양념 치킨이 담겨져 있다고 알려드렸다. 왜냐하면 양념 치킨의 가격이 후라이드 치킨보다 천오백원이 더 비쌌기 때문이다.

사실 난 아무런 거짓말도 하지 않았다. 난 그저 치킨을 계산대에 놓았을 뿐이고, 계산하는 분이 세심하게 보지 않고 실수로 그렇게 계산하신 것뿐이다.

하지만 내 양심은 그 상황을 알고 있지 않았던가?

내 비록 거짓말을 하지 않았다 해도 내 양심은 그것이 잘못되었음을 알았고 내 생각의 근원을 아시고 내 심령을 감찰하시는 하나님에 대한 의식이 살아있었기에 내 양심은 나로 하여금 정직한 행동을 하게 만들었다.

나는 하나님과의 소통이 끊어지는 것이 제일 무섭고 두렵다.

거짓과 죄악이 내 안에 들어오면 거룩한 하나님과의 친밀하게 만나는 예배 통로가 막힌다는 사실은 "주는 죄악을 기뻐하는 신이 아니시니 악이 주와 함께 머물지 못하며"(시 5:4)라는 말씀을 통해 익히 배워왔었다.

내 삶 구석구석에 드리운 자기 유익을 위한 타협을 내려놓고 경외함으로 성령께 순종한다면 그분의 친밀함속에서 소통하는 예배를 할 수 있음을 경험하는 하루였다.

여호와의 친밀하심이 그를 경외하는 자들에게 있음이여
그의 언약을 그들에게 보이시리로다 (시 25:14)

아빠는
성경을 읽는다

나는 성경을 읽고 막내 세빛(8살)은 그림을 그리고 있었다. 얼마 후, 세빛이가 그린 그림을 보고 깜짝 놀랐다.

내 모습을 그린 그림에 붙인 제목이 "아빠는 성경을 읽는다"였다. 이런 칭찬보다 더한 칭찬이 어디 있을까? 아이의 눈에 "아빠는 집에서 핸드폰만 한다, TV만 본다"라고 그려졌더라면 목사인 나는 얼마나 부끄러웠을까?

부모인 우리는 집에서 아이들에게 어떤 모습으로 그들의 눈에 비춰질까? 아이들의 눈은 정직하다. 아무리 부인한다해도 아이들의 눈에 보이는 우리의 모습이 진짜 우리의 정체성이다.

귀가하면 TV 앞에 있고 핸드폰을 끼고 있으며 대화의 주제가 학원 학군문제, 대출과 이자 문제, 더 좋은 아파트, 더 좋은 자동차, 돈과 성공에만 있다면 아이들은 삶의 가치가 그곳에 있다고 부모로부터 배운다.

아이들에게 참된 신앙을 유산으로 물려주려한다면 집안에서 TV와 핸드폰을 멀리하고 성경을 가까이 하고 무시로 기도하고 하나님께 감사하는 아빠로 먼저 살아내야 한다.

교회에서 하나님이 인생의 절대가치라고 입술로 고백했다면 삶을 통해 하나님이 인생의 절대가치임을 증명해 내야한다.

> 너희는 믿음에 있는가
> 너희 자신을 시험하고 너희 자신을 확증하라
> 예수 그리스도께서 너희 안에 계신 줄을 너희가 스스로 알지 못하느냐
> 그렇지 않으면 너희는 버림 받은 자니라 (고후 13:5)

아이들이 사방에 설치된 CCTV처럼 나를 엿보고 있다. 아, 조심하고 기억하자. 우리 아이들은 다름 아닌 하나님이 보낸 무서운 스파이임을 순간이라도 잊지 않아야한다.

가치 있는 중독

권력을 맛본 사람은 권력에 굶주려있고
돈을 맛본 사람은 돈에 굶주려있다.

명예를 맛본 사람은 명예에 굶주려있고
인기를 맛본 사람은 인기에 굶주려있다.

나주 글로벌 교회 집회를 마치고 함께 식사하는 중에
김유신 집사님이 이리 말씀하셨다

"목사님, 예수님의 달달 짭짤한 맛을 본 뒤
세상의 그 어떤 맛도 제 혀를 만족시키지 못합디다."

예수를 맛본 사람은 예수에 굶주려있다.
이것이 중독의 힘이다.

오늘 밤, 내 한 가지 소원
오직 예수님께 중독되게 하소서.

내 자존심을
걸게 하는
중보기도

중보기도는 내 영적 자존심을 걸게 한다.

그 이유 중 하나는, 부탁받은 중보기도가 상대방에게 하나님의 응답과 깨달음을 가져다주지 못할 때, 얕은 영적 내공의 실체가 드러나 사람들에게 부끄러움을 당할 거라는 나의 논리 때문이다.

물론 이 논리가 모든 사람들을 공감시키지는 못하겠지만 적어도 나에게는 중보기도라는 약속을 지키게끔 경각심을 주는 생각이다.

중보기도의 약속을 이행하지 않았다고 약속 불이행에 대한 책임 추궁을 당하는 것은 아니다. 하지만 중보기도를 단지 스쳐 지나는 기독교인들의 가벼운 인사쯤으로 생각하고 중보기도의 약속을 지키지 않는다면 사람과의 신뢰도, 하나님과의 신뢰도 깨어질 것이고 기도 응답에 대한 기대감도 무너질 것이다.

약속은 습관이다.
약속을 지키는 사람은 늘 지키고 약속을 어기는 사람은 늘 어긴다.

기도도 습관이다.

기도하는 사람은 어떠한 상황에서도 기도하고 기도하지 않는 사람은 아무리 여유가 있어도 기도하지 않는다.

습관은 끊임없는 훈련을 통해 만들어지게 마련이다.

기도가 필요 없을 것 같은 예수님도 습관처럼 기도하셨다 했다는데 감히 예수님과 비교의 대상조차 되지 않는 내가 나태할 수 있겠는가?

오늘도 내게 기도에 대한 응답과 능력이 드러나도록 중보 기도제목을 가슴에 안고 훈련하며 씨름한다.

정직한 중보기도는
꿈틀꿈틀
살아 움직이는
실체

　지난 7월 3일 목포에 계신 집사님께로부터 급박한 문자가 왔다. 이전에 그분이 섬기는 교회에서 집회로 딱 한번 만났었는데 지금까지 문자로 교제를 하고 있는 집사님이시다.
　"목사님, 주님의 이름으로 문안 인사드리며 성실하신 목사님께 기도 부탁드립니다. 저희 시아버님께서 지난 수요일 오토바이를 타고 가시다가 만취상태인 음주 운전자의 차에 치이셨어요. 뇌를 다치셔서 수술을 받으셨는데 아직 의식이 없는 상태랍니다. 의사선생님 말씀으론 일주일이 고비라고 하십니다. ㅠㅠ
　목사님. 저희 시아버님을 위해 중보기도 부탁드립니다. 저희 부부는 오랫동안 시부모님의 구원을 위해 기도해왔지만 아직 예수님을 영접하지 않으셨답니다. 기도해주시면 그 은혜 잊지 않겠습니다.
　정말 절박한 심정입니다. 하지만 신실하시고 긍휼을 베푸시는 하나님 아버지를 신뢰하며 화를 오히려 복되게 하실 그분께 미리 감사를 드립니다. 목사님, 꼭 중보기도 해주시길 부탁드립니다. 늘 감사드려요"라는 내용이었다.
　나는 중보기도 노트에 옮겨 적고 정직하게 기도를 시작했다. 눈물로

뿌린 씨앗이 어찌 싹이 틀지 궁금한 것처럼 정직한 기도는 기대감을 갖게 한다. 하나님이 어찌 일하시고 계실지 알고 싶어 11일이 지난 7월 14일 문자를 보냈더니 3일후인 7월 17일 답문을 주셨다.

"목사님, 너무 감사드려요. 아버지는 하루하루 나아지고 계셔요~ 어제 인공호흡기를 떼시고 목에 구멍을 내셔서 가래도 빼고 자가 호흡도 시작하셨답니다. 모두 중보 기도덕분입니다. 다음 주에 중환자실에서 일반병실로 옮겨가실 것 같아요. 이제 여름방학이 시작되는 시기로 아버지 옆에 오래 있을 수 있어서 이 또한 감사가 된답니다.

목사님, 저희 시아버지 영혼구원을 위해 다시 한 번 기도 부탁드려요. 영혼구원의 그 귀한 하늘의 상을 결코 잃지 않으실 겁니다. ^^ 일반병실로 옮긴 후, 목사님께 상황을 알려드리려고 했는데 이렇게 문자를 먼저 받게 되었네요! 목사님 너무 감사드려요~ 목사님이 진행하는 <예배일기> 방송 들으며 생각이 더욱 깊어집니다. ^^ 아버지 소식은 제가 종종 알릴게요. 더운 여름이지만 주님 안에서 가족과 함께 건강한 여름 보내세요~^^"

슬픔의 ㅠㅠ 라는 이모티콘으로 시작했는데 웃음의 ^^ 이모티콘으로 정직한 중보기도가 바꾸어주었다. 이 답문을 받은 뒤 석 달이 지난 어제, 중보기도를 정리하면서 다시 문자를 보냈다. 앞서 언급한대로 정직한 중보기도는 언제나 기대감을 만들어주기 때문에 설레는 마음으로 문자를 보냈더니 이렇게 답문이 왔다.

"목사님, 우리가 살아가는 동안 나 자신 뿐만 아니라 하나님의 사람들을 옳은 길로 돌아오게 하는데 귀하게 쓰임 받는 자로 사는 것보다 더 복된 일이 어디 있을까요?

　목사님, 늘 그리 살아오셨던 것처럼 그렇게 살아주세요. 그리고 제가 목사님께 감사드릴 놀라운 일을 알려드릴게요! 저희 시아버님께서 병원에서 퇴원하신지 한 달가량 되셨고요. 드디어 하나님을 평생 섬기기로 작정하시고 지난주부터 어머님과 함께 교회에 나가셨답니다. 그리고 지금까지 지내왔었던 제사도 다 파하기로 하셨고요. 이번 추석부터 차례 지내지 않기로 하셨답니다. 할렐루야!

　저희 아버지를 위해서 기도해 주신 기도에 대한 하나님의 놀라운 응답이십니다. 목사님 다시 한 번 감사를 드립니다. ^^ 저도 함께해주셨던 그 은혜 잊지 않고 늘 목사님과 가정을 위해서 기도합니다!"

　이렇게 석 달간의 중보 기도를 생각조차 미치지 못했던 은혜까지 맛보게 하시며 끝내게 하셨다. 역시 정직한 중보기도는 기도하는 나를 깨어있게 하셨고, 기도 받는 자를 살아나게 하셨다. 이 절박한 기도부탁으로 인해 기도하는 일에 게으르지 않았고 나 자신을 돌아보며 정직하게 기도했더니, 정직한 중보기도 위에 성령이 운행하시고 하나님이 반응하셔 그 가정의 육체 회복뿐만 아니라 죽었던 영혼도 살려내셨다. 할렐루야!

　나의 방패는 마음이 정직한 자를 구원하시는 하나님께 있도다 (시 7:10)

　이렇듯 기도는 결코 입술에 머물다 사라지는 추상적인 고백이 아니라 내 일상에 꿈틀꿈틀 살아 움직이는 실체이다.

중보기도를 무시하게 만들지 말라

자신이 기도하지 않아서
중보 기도의 가치를 떨어뜨리게 하지 말라.

죄를 품고, 죄에서 돌이키지 않고 누리며 기도한 자신 때문에
동역자들이 기도의 능력을 무시하게 만들지 말라.

게을러 기도하지 않은 자신 때문에
삶이 순결하지 않은 자신 때문에
기도 응답이 나타나지 않아
동역자들이 중보기도를 무시할 수 있으니…

너희가 하늘을 향해 손을 들어도 내가 보지 않을 것이며
너희가 아무리 많이 기도할지라도 내가 듣지 않을 것이다.
이는 너희 손에는 죄 없이 죽은 사람들의 피가 잔뜩 묻어 있기 때문이다.
너희는 자신을 씻어 깨끗이 하고 내 앞에서 너희 악을 버리고 죄 된 생활을 청산하라 (사 1:15 현대인의 성경)

내 맘을
알아주는 분

둘째 온유가 아프다. 아내 말이 "온유가 아프면 엄마만 찾고 엄마에게만 딱 달라붙어 있다"한다. 그 말이 맞다. 내게 오라 아무리 손짓해도 엄마에게도 떨어지지 않는다. 그렇게 좋아하던 이슬 언니에게도 안 간다.

그래 … 우리가 진짜 아프면 갈 곳이 어딜까? 우리의 찢어진 마음 풀어 놓을 곳은 어딜까? 사방이 막히고 모두가 외면해버리는 그때, 찾아야 할 분은 누구일까? 15년 전, 미국 생활 중 모든 것을 잃어버렸다.

너무 아팠다. 주어진 기가 막힌 인생 때문에 심장이 아파 잠을 자지 못하고 울었다. 매일 인생의 벼랑 끝에서 바동거리다 떨어졌다. 깊은 밤, 머무를 곳이 없어 아무도 없는 주차장에 자동차를 세워놓고 핸들에 얼굴을 묻고 꺼이꺼이 하염없이 울었다.

새벽 무렵, 전화기를 만지작거렸다. 한국에 있는 친구들에게 전화를 할까? 내가 겪고 있는 사건 하나하나 이야기 한들 처음부터 끝까지 온전하게 이해해 줄 사람이 있을까?

　이야기하면 화부터 낼 것 같고, 바보 병신이라며 비웃음 당하다, 내 잘못에 대한 대가를 치루고 있다며 손가락질 당할 것 같았다. 내 사연 듣고도 시간 지나면 그냥 잊고 살아갈 그들에게 내 아픔을 내어놓을 수가 없었다. 속마음 털어놓고 나면 해답은커녕 오히려 그들에게 부담만 줄 것 같아 그렇게 전화기만 만지작거렸다.

　오랫동안, 밤이 새도록 그렇게 오랫동안 꺼이꺼이 울기만 했다. 그러다 문득 주님이 생각났다. 그분께로 갔다. 내 곁에 계시고 내가 믿고 의지할 분은 그 분 밖에 없었다.

　내가 겪었던 모든 것 하나도 빠뜨림 없이 보고 계셨던 분, 사건의 동기부터 과정 하나도 빠뜨림 없이 보고 계셨던 분, 어떤 오해도, 선입견도 가지지 않으시고 있는 그대로 봐 주셨던 분, 울고 있던 나와 동일한 마음으로 울어주셨던 분, 내 마음을 온전히 헤아리는 분은 주님 밖에 없음을 인정하고 그 분께 나아갔다.

　내가 예수님을 믿고 있다는 사실, 그분이 나를 변론해주신다는 이 사실이 얼마나 큰 하늘의 복이었는지 기가 막힌 웅덩이와 수렁 속에서 알았다.

　아픈 온유가 엄마만을 찾는 걸 보면서 갑자기 그 날이 생각났다. 내 인생의 모든 것이 끝난 줄 알았던 그 때, 예수님을 찾았더니 내 등 뒤에, 내 오른쪽에 계셨던 주님이 나를 안아주셨다. 나를 살리셨던 그날을 잊지 않으려 핸들에 얼굴 파묻고 엉엉 울며 만들었던 노래를 불러본다.

내 맘을 알아주는 분
주님밖에 없네
내 아픔에 눈물 흘려주시는 분
주님밖에 없네
내 맘에 새겨진 이름
예수 예수 예수
내 마음에 가장 소중한 이름
예수밖에 없네

그 누구도 관심 없었던 나 같은 사람에게
변함없이 내 곁에 서 있는 분
주님밖에 없네

그래서 나 주를 사랑해

- 장종택 라이브 워십 3집 수록곡

사랑함과
좋아함의
차이

사랑은 자신의 자존심을 내려놓고 상대방의 입장에서 조용히 바라볼 수 있는 여유로운 감정이지만, 좋아함은 자신의 욕구를 충족시켜 줄 수 있는 상대방을 향해 몰아치는 이기적 감정이다.

사랑은 자신이 치루는 대가로 오래 머무르는 행복이지만, 좋아함은 상대방이 치루는 대가로 잠시 기뻐하다 사라질 짧은 즐거움이다.

사랑은 상대방을 위해 '인내, 아픔, 고난, 절제, 그리고 겸손'이란 단어를 내포하며 끊임없이 섬기고 희생할 수 있다는 의지적 결단이지만, 좋아함은 상황과 환경, 조건에 따라 언제라도 바뀔 수 있는 자연스러운 자기중심적 반응이다.

그래서 사랑은 사시사철 변하지 않는 푸른 소나무 같고, 좋아함은 계절 따라 색깔을 바꾸다 끝내 나뭇잎을 떠나보내는 은행나무 같다.

사랑은 오직 한사람 생각하며 다시 시작할 수 없을 것 같은 절실함을 갖고 있지만, 좋아함은 다수를 염두에 두고 '언제나 다시 할 수 있다'라는 자만심을 갖고 있다.

사랑은 책임감을 가지고 역동적인 도전을 하지만, 좋아함은 변명과 핑계 속에 밀고 당기는 줄다리기를 한다.

사랑은 아침 일어나면 달려드는 현실이고, 좋아함은 아침 일어나면 사라지는 꿈이다. 그래서 사랑은 꿈과 현실 둘 다 먹고 살지만, 좋아함은 꿈만 먹고 산다.

"사랑이란 의지"를 만들어내는 주체는 하나님이시고, "좋아한다는 감정"을 만들어내는 주체는 나 자신이다.

바쁨은
독이다

사역의 횟수가 많아지고 사역의 지경이 넓어지는 것에 대해 "어휴, 아닙니다. 이렇게 기회를 주심에 감사할 따름이죠"라며 대답한다. 하지만 이런 상황이 지속되다 보면 자신도 모르게 겸손을 가장한 교만이 싹트게 된다.

과연 사역의 빈도수가 많아지고 사역의 규모가 커가는 것만큼 사역자의 영성이 깊어지고 하나님과의 교제가 친밀해진다고 단정 지을 수 있을까?

어떤 분은 "아니, 사역하시면서 하나님과 함께 하지 않으셨어요?"라는 의문을 제기할 수도 있을 것이다. 하지만 집회 중 갖는 하나님과의 만남은 하나님과 나, 둘만의 만남이 아니라 그분과 나 사이에 수많은 것들이 비집고 들어온다.

집회의 영적 분위기를 위한 기도를 해야 하고, 굳어있는 회중들을 위한 중보기도도 해야 한다. 환경과 상황을 통해 야기되는 음향이나 기계적 문제들도 해결해야하며 메시지의 서론, 본론, 결론을 머릿속에서 재정리하고 교회 상황이나 성도들의 연령층 분포도 때문에 음악적 재 선곡도 해야 하는 복잡한 일들이 동시에 진행되어진다.

기도가 분산되고 사방으로 치고 들어오는 도전을 안고 집회를 진행해야하는 나에게는 하나님께만 오롯이 생각을 쏟아 부을 수가 없다. 그렇기에 사역자인 나는 시간을 따로 떼어내어 그분께만 올인(All in)하여 집중하는 교제의 시간이 필요한 것이다.

한쪽에 사용되는 시간 분량이 많아지고 집중도가 높아지면 분명 다른 한쪽의 시간은 줄고 집중도도 떨어진다. 즉, 일하는 사역 쪽에 시간이 쏠리면 다른 한쪽인 하나님과의 개인교제 시간은 반드시 줄어들게 된다. 그러다보면 하나님의 관심과 의도를 모르면서 하나님이 좋아하실 거라 판단하여 일만 열심히 하는, 영적 민감성이 죽은 사역자가 될 수 있는 것이다. 그래서 사역과 일의 바쁨은 사역자 자신을 스스로 죽이는 독이 될 수 있다는 것이다.

하나님과의 충분한 교제를 통한 영적 충전 없이 임하게 되는 집회는 어느새 각본처럼 짜인 레퍼토리가 되어버리니 회중에게 도전하고 간증하는 나 자신의 입술에서조차 감동은 사라진다. 이런 집회를 하고 나면 어김없이 공허감과 죄책감이 찾아온다.

공허감이라 함은 성령님의 인도하심과 채워주심 그리고 주님과의 친밀한 교제로 채워져야 할 영적 공간이 음악이나 감정 등 그 외 것으로 대신 채워졌기 때문이며, 죄책감이라 함은 나를 신뢰하고 집회를 통해 천하보다 귀한 영혼들을 내게 맡기셨음에도 불구하고 주님의 마음과 의도를 전하지 못한 내게, 주님은 반드시 맡긴 만큼 정확히 계산하실 것을 알기 때문이다.

주인의 뜻을 알고도 준비하지 아니하고 그 뜻대로 행하지 아니한 종은 많이 맞을 것이요 알지 못하고 맞을 일을 행한 종은 적게 맞으리라 무릇 많이 받은 자에게는 많이 요구할 것이요, 많이 맡은 자에게는 많이 달라 할 것이니라 (눅 12:47-48)

하나님과 개인적 교제 없이 소통이 두절된 사역자는 자신뿐만 아니라 집회에 참석한 회중들에게도 해악을 끼치니 일과 사역에 대한 바쁨을 당장 내려놓고 자신이 먼저 살기위해 주님 앞으로 나아가야 한다.

말과 글에는
책임이 따른다

만약 나를 비롯해 우리 그리스도인들이 자신들의 SNS(페이스북, 인스타그램, 블로그등)에 써놓은 글대로 진짜 살아내고 있다면 우리의 가정과 교회 그리고 사회는 행복 가득한 이상적인 공동체가 되어져 있을 것이다. 왜냐하면 SNS에 적어 놓은 글들 중에 더러움, 가증스러움, 거짓말, 속임수, 게으름, 뒷담화, 이중성, 불순종, 불결, 이간질, 욕설, 탈세, 음란, 불법 등을 저질렀다는 고백은 없기 때문이다.

다들 참고 인내하고 사랑하고 나누고, 은혜를 누리고 손해보고 순결을 지키고 남을 돌아보고 격려하며, 정직하고 성실하게 하나님을 따르는 좁은 길을 걷겠다는 멋있고 아름다운 감동과 삶의 도전을 던지는 글이 대부분이기 때문이다.

우리가 적어도 SNS에 적어놓는 글들에 대해 책임을 지려고 실제적으로 애쓰는 삶을 살아낸다면 분명 우리 자신들이 먼저 바뀌고 궁극적으로 우리가 꿈꾸는 아름다운 세상을 만들어낼 것이다. .

나또한 내가 쓴 글과 집회 때 나누었던 말들에 책임지는 삶을 살아내어 내가 바뀌도록 노력하련다. 그리고 서로가 그랬으면 좋겠다.

Episode 09
탓하며 변명하는 사역자

탓하며
변명하는 사역자

시간이 주어진다면…
돈이 주어진다면…
환경이 좋아진다면…
상황이 좋아진다면…

이런 저런 핑계로 도전하지 않는 사람은
모든 것이 주어져도 도전하지 않는다.

"주어진다면, 좋아진다면"이란 말을 입에 달고 사는 사람은
탓하고 변명하는 사람이고 게으른 사람이다.
중요한 사실 하나,
하나님께서 당신의 왕업을 이런 게으른 자에게 맡기시지 않는다는
것이다.

여호와께서 자기를 위하여
경건한 자를 택하신 줄 너희가 알지어다 (시 4:3)

나는 어떠한 핑계와 변명을 해대며
게으름과 더불어 살고 있는가?

낭패를 통해
주님의 마음을
배우다

　잠에서 깨니 아침 8:30분. 시계를 보고 너무 놀라 스프링처럼 튀어 올랐다. 기차표에 적혀진 대로라면 아침 8:46분 대전역에 도착해야하는데 방금 일어난 것이다. 어제 두 번의 지방 집회 후, 집에 돌아오니 새벽 2시였다. 너무 피곤해서 기절하듯 쓰러져 자는 바람에 알람도 맞추지 못했더니 이런 사건이 터진 것이다.

　초청한 교회 쪽에 전화를 드렸더니 받지 않으신다. "어쨌든 모르겠다. 그냥 내가 현재 할 수 있는 일은 하자" 싶어 다시 짐을 싸고 집을 나섰다. 전철을 기다리는데 이런 긴장감 없는 내 자신이 너무 바보스러워 가슴을 쳤고 '나 같은 사람이 사역자 맞나?' 라는 자책감이 커 마음이 무너졌다. 예매해 놓았던 고속 열차표도 무용지물이 되어 공중에 날아가 버렸다.

　드디어 교회와 통화가 되었다. 담당 전도사님은 전혀 예상하지 못한 사실을 접하고는 '대략 난감'한 상황 속에서도 오히려 부드러운 목소리로 나를 배려해주었다. 나는 순서를 바꿔주실 수 있는지 부탁을 했고 처분을 기다리겠다며 전화를 끊었다.

　금촌 제일교회는 이번 전교인 수련회에 올인(all in)했다고 들었다. 정말 많이 고민하고 의견을 모아 강사진 구성을 했으며 전교인이 오랫동안 기도하고 치밀하게 준비한 축제였다는데 강사인 내가 펑크를 냈으니 너무 미안하고 죄송했다.

전철을 타고 가고 있는데 초청한 교회에서 연락이 왔다. 초청된 강사들 모두 워낙 바쁜 분들이라 순서 조정을 도저히 할 수 없다며 도리어 이번에 함께 하지 못해 너무 아쉽다 하셨다.

잘못은 내가 했는데 교회 쪽에서 미안하다 하시니 더더욱 부끄럽고 면목이 없었다. 서울역으로 향하던 전철에서 내려 씩씩하게 발길을 돌렸다.

연락을 받기 전에는 정말 어떻게라도 섬길 수 있는 기회를 다시 달라고 절박하게 기도했었지만 취소 결과가 나온 뒤 나는 내 자신에 대한 원망도, 취소된 집회에 대한 안타까움도 전철 안에서 탈탈 털어버리고 내렸다. 그리고 주님께 '그리 아니하실지라도'의 감사드리며 마음의 평정을 되찾았다.

이런 행동을 취한 이유는 다윗(삼하 12:15-23)이 생각났기 때문이다. 자신의 죄로 말미암아 아들이 병으로 앓고 있을 때는 금식하며 밤새도록 땅에 엎드려 살려달라 부르짖으며 기도했지만, 죄의 대가로 하나님께서 아들을 데려간 사실을 알고 나서는 모든 것을 털어내고 일상으로 돌아오지 않았던가?

자초지정을 아는 아내에게 "긴장이 풀려 걸어갈 힘이 없으니 전철역에서 나를 픽업해 달라"고 전화를 했다. 집 근처 전철역에서 나오니 아내가 기다리고 있다. 그러면서 내게 "당신이 웃고 나와서 좋아"라는 의미 있는 한 마디로 인사를 건네주었다. 아침에 일어난 황당한 사건은 아내에게도 참으로 당혹스러운 일이어서 집회 펑크를 낸 남편의 내적 심경이 심히 걱정되었기 때문이리라.

집으로 돌아와 아내와 여유롭게 커피 한잔과 함께 수다를 떨고 있는데 전화가 왔다. 아침에 나의 실수로 인해 집회가 취소되었던 교회에서 다시 연락을 준 것이다. "목사님의 순서를 오후로 옮겨놨으니 빨리 와 주세요"하며 다시 연락하게 된 사연을 알려주었다.

교회는 나의 실수로 펑크가 난 그 순서를 대신할 강사님들에게 구조 요청을 보내셨다 했다. 그중 오늘 오후 집회를 담당한 목사님과 연락이 닿았는데 그분이 집회 장소 근처에 미리 와 계심을 알고 깜짝 놀랐다는 것이다. 오후 집회를 담당한 목사님은 원래 집회 장소인 금천과는 거리가 먼 곳에 거주하는 분이신데 오늘 때마침 교인의 발인예배가 금천 근처라 장례식장에 일찍 와 있었다는 것이다. 통화 중 난처한 상황을 들으시고 그분께서 "오전 집회를 섬길 수 있겠다"하셨기에 나에게 다시 연락을 하게 되었다는 내용이었다.

반전, 반전, 대반전이었다. 어찌 이런 일이 일어날 수 있나? 성도님의 발인예배 시간과 장례식장 장소가 어찌 이리 퍼즐처럼 딱 맞는가? 해답 없이 보이던 나의 문제를 어찌 이런 정답으로 해결해 주시는가? 성령님의 간섭이 아니고서는 도저히 일어나지 못할 기적의 타이밍 아닌가?

　아침에는 늦게 일어나 너무 황당해 침대에서 스프링처럼 튀어 올랐지만 오전엔 너무 기뻐 거실에서 스프링처럼 튀어 올랐다. 할렐루야 외치며 다시 기차표를 끊고 이동했다. 잃어버렸던 기회를 다시 찾은 기쁨이 얼마나 큰지 내 얼굴에서 웃음이 떠나지 않았다.

　　잃었던 드라크마를 다시 찾았던 여인의 마음
　　잃었던 양을 다시 찾았던 목자의 마음
　　잃었던 아들을 다시 찾았던 아버지의 마음

　오늘 겪었던 낭패를 통해 잃었던 것을 다시 찾았던 사람들의 기쁨이 무엇이었는지, 잃어버린 영혼이 다시 돌아오기를 애타게 기다리는 주님의 마음이 어떤 것인지, 뼛속 깊숙이 공감했다. 그래, 말씀은 이렇게 직접 경험하며 공감하며 사는 것이구나!

주님의 정확한 판단을 두려워하라

사도 바울은 "다른 사람에게 판단 받는 일은 매우 작은 일"(고전 4:1-5) 이라고 하였다. 그 이유는 궁극적으로 사도 바울 자신을 판단하실 분, 그를 심판 하실 분은 사람이 아니라 주님이신 것을 알고 있었기 때문이었다. 이 말씀을 따른다면 결국 우리는 주위 사람의 판단 때문에 그들의 눈치를 볼 것이 아니라 살아온 내 인생을 판단하실 주님의 눈치를 봐야 한다는 것이다.

> 여호와 내 하나님이여 내가 이런 일을 행하였거나 내 손에 죄악이 있거나 화친한 자를 악으로 갚았거나 내 대적에게서 까닭 없이 빼앗았거든 원수가 나의 영혼을 쫓아 잡아 내 생명을 땅에 짓밟게 하고 내 영광을 먼지 속에 살게 하소서 (시 7:3-4)

사람의 판단과 뒷담화에 두려워할 것이 아니라 모든 것 다 아시는 주님이 과연 우릴 어찌 생각하고 계시는 지 그분의 의중을 두려워해야 한다는 것이다.

여호와께서 만민에게 심판을 행하시오니
여호와여 나의 의와 나의 성실함을 따라 심판하소서 (시 7:8)

그러하기에 우리는 정확하게 판단하실 주님을 두려워하는 지혜를 가지는 것이 필요하며 두려운 마음으로 구원을 이루어가고(빌 2:12), 생명으로 인도하는 좁은 길(마 7:13-14)을 걸어감이 마땅함이라.

사역이 없는 오늘 같은 날, 찜통 같이 무더운 날씨아래 말씀에 젖어들길 노력하고 노력했더니 이제야 이 한 가지 가르침에 시원한 행복을 누린다.

들통 나면
알게 되는 것

자신이 작아지고 축소되고 겸손해지는 연습은
하나님의 아주 작은 단면이라도 살짝 보게 되었을 때
비로소 시작된다.

그러다 위대한 하나님을 조금씩, 조금씩 더 보게 되면 상대적으로 비친 자신의 모습에 "나는 아무것도 아니었다"고 고백하지 않을 수 없다.

예수를 보게 되어 들통 난
그 잘났던 바울의 귀한 고백 …

죄인 중에 내가 괴수니라 (딤전 1:15)

다윗이
부러운가?

우리는 다윗을 좋아하고 부러워한다.

우리는 한결같이 하나님을 사모했던 그의 갈망에 감탄해하며 그가 지어 불렀던 시편을 좋아하고 죽음에 쫓기면서도 하나님에 대한 변함없는 그의 믿음과 신뢰를 본받길 원한다.

"나의 마음에 합한 자"라는 하나님의 칭찬을 들었던 그를 우러러보며 그가 누렸던 하나님의 사랑에는 질투 날만큼 부러워하고 부와 존귀를 누렸던 다윗왕을 우리는 롤 모델(role model)로 여겨 닮고 싶어 한다. 그래서 자신의 예명이나 자녀의 이름을 "다윗"이라고 짓는 사람들이 얼마나 많은가?

하지만 아이러니하게도 다윗이 왕으로 누리고 받았던 것은 그렇게 원하면서도, 다윗이 하나님께 취했던 태도와 삶은 따르려 하지 않는다. 다윗처럼 대가 치루지 않고 다윗이 받았던 하나님의 사랑과 복만을 받으려하는 거지근성?

왕이었던 다윗은 그 바쁜 와중에도 시간을 내어 하나님 앞에 머물렀다. 매 순간 하나님을 의식하는 다윗에겐 하나님 없는 세상은 상상

도 할 수 없었다. 그러나 우리는 핸드폰, 게임, 드라마, 영화 등의 즐거움이 하나님 앞에 머무는 것보다 좋다. "하나님 없어도 하루를 거뜬히 지낼 수 있지만 핸드폰 없으면 하루를 못 버텨요"라는 금단현상이 우리 안에 있다. 하나님과 대면하는 기도시간은 서먹한 하나님과의 관계가 불편하고 지루하여 10분 안에 끝낸다.

한 나라의 왕이었던 다윗이 시간이 남아돌아 주님 앞에 머물렀던 것이 아님을 안다면 다윗이 누렸던 것이 부러웠고, 다윗처럼 살고자 하는 진정한 갈망이 우리 안에 있다면 우리도 조용히 마음을 내려놓고 다윗처럼 주님 앞에 머무는 연습이 필요하다.

주님 앞에서 생각을 내려놓고 마음을 비워내며 민감하게 귀 기울이고 그분의 말씀을 읊조리는 시간이 우리에게 필요하다.

다윗처럼 하늘의 기쁨을 누리고 주님을 생명보다 낫게 여겨 "내가 너로 말미암아 기쁨을 이기지 못하고 너를 잠잠히 사랑하고"(습 3:17)라는 그분의 황홀한 고백을 듣고자 한다면 바로 지금, 시간을 내어 주님 앞에 머무는 것이 마땅하리라.

하나님께 신실하다면서 사람에게 신실하지 못하다면?

말씀 없는 묵상은 생각과 고민이고 말씀 없는 기도는 하소연과 넋두리이다. 기도 없는 묵상은 이성과 상식이 말씀보다 앞서고 기도 없는 말씀은 지식만 쌓여 행함 없는 말만 많아진다.

그래서 '지적 냉철함'과 '영적 뜨거움'은 영적 균형을 맞추어야 한다.

기도가 깊으면 말씀도 깊어야 하고 말씀이 깊으면 기도도 깊어야 한다. 말씀을 많이 읽어 깊어지면 그분의 성품을 알게 되고 기도를 많이 하여 깊어지면 그분의 의중을 알게 되어 분명 하나님께 신실하게 되며, 하나님께 신실한 사람은 반드시 사람에게도 신실하다.

그런데 교회 봉사도 앞장서서 열심히 하고, 기도도 많이 하고, 성경도 많이 읽어 '하나님께 신실하다' 은근히 자랑하는 분들이 사람 관계가 좋지 않고 주위 사람에게 신실하지 못하다 하여 손가락질 당하고 욕먹는 분들이 있다.

보이지 않는 하나님께는 자신의 신실함을 기도와 말씀의 분량으로 일방적으로 주장할 수 있겠지만 사람에게는 자신이 주장하던, 하지 않던 삶의 열매로 그 신실함이 드러난다. 결국 사람에 대한 신실함이 하나님께 신실하다는 것으로 증명되는 것이다.

> 내 안에 거하라 나도 너희 안에 거하리라 가지가 포도나무에 붙어있지 아니하면 스스로 열매를 맺을 수 없음같이 너희도 내 안에 있지 아니하면 그러하리라 (요 15:4)

삶의 열매를 보면 "말씀과 기도"의 정체를 알게 된다. 하나님께는 신실한데 사람에게는 신실하지 못한 사람의 정체도 삶의 열매를 통해 알게 된다.

결론적으로 하나님께 신실하다면서 사람에게 신실하지 않는 사람은 하나님께 신실하지 않다는 것이다.

> 스스로 속이지 말라
> 하나님은 업신여김을 받지 아니하시나니
> 사람이 무엇으로 심든지 그대로 거두리라 (갈 6:7)

성경 읽는 이유

목사는 설교하기 위해서만
성경을 펼치고 읽지 않아야한다.

목사는 자신을 개혁하기 위해
성경을 펼치고 읽어야한다.

목사는 성도를 자신의 의도에 순종케 하려고
은근슬쩍 전하는 표적 설교를 하지 않아야한다.

목사는 자신이 강단에서 한 말을 지키기 위해 설교를 해야 한다.
그렇기에 설교는 자신에게도 회중에게도
동시에 적용되어야 하는 약속과 같은 것이다.

"제가 전하는 말씀대로 살겠습니다"라고 하는 하나님께 하는 약속

자신은 지키지 않으면서 성도들은 지키라 말하는 속이는 목사가 되

지 않으려면 매일 말씀을 마음에 새기고 일상 속에서 먼저 적용하는 몸부림을 쳐야 한다.

내가 좋아하는 목사님이 목사인 내게 성경을 선물해주었다.
무슨 의미일까?

공교롭게도 선물 받은 오늘은 "말씀의 본질로 돌아가라, 읽은 말씀대로 살아가라"고 내게 알려주는 종교개혁 500주년이 되는 날이다.

아내에게
인정받는 사역자

아침에 아이들 학교에 데려다 주고 아내랑 간단한 아침식사하면 이런 저런 이야기를 나누는 중 정신이 번쩍 드는 사건 하나를 들었다. 아내의 지인되시는 사모님 이야기다.

어느 날 남편 목사님이 교회에서 돌아와 하는 말이 "오늘 심방 중에 갑상선 저하증이 있는 교인을 만났는데 사정을 들어보니 참 딱하더라고. 여러 가지 증상 때문에 그분의 삶이 보통 어려운 게 아니었어. 듣는 내가 힘들 정도였으니 말이야. 여보, 우리 함께 그 분을 위해 꼭 기도해야 될 거 같아"

그러자 남편 목사님의 이야기를 듣던 사모님이 울분을 토하며 "그 힘든 갑상선 저하증을 2년 동안 앓고 있는 사람이 바로 나에요"라고 했더란다.

그렇다. 가장 가까운 사람의 아픔을 보지 못하는 사람이 어쩌면 우리 사역자일 것이다. 성경을 보니 제자 중에 예수님을 마지막까지 믿지 못했던 사람이 예수님의 친형제들이었다.

그 후에 예수께서 갈릴리에서 다니시고 유대에서 다니려 아니하심은 유대인들이 죽이려 함이러라 유대인의 명절인 초막절이 가까운지라 그 형제들이 예수께 이르되 당신이 행하는 일을 제자들도 보게 여기를 떠나 유대로 가소서 스스로 나타나기를 구하면서 묻혀서 일하는 사람이 없나니 이 일을 행하려 하거든 자신을 세상에 나타내소서 하니 이는 그 형제들까지도 예수를 믿지 아니함이러라(요 7:1-5)

그럴 만도 하지 않나? 예수님은 동정녀 마리아에게서 나셨지만 다른 형제들과는 본질적으로 다른 성자 하나님이셨다. 하지만 형제들에게는 한 부모에게 한 핏줄을 이어받고 태어난 친형제였을 뿐이었다. 어릴 적부터 한솥밥을 먹었던 자신들의 맏형이었고 직업도 아버지 요셉에게 물려받은 목수였다. 그들은 예수님이 누구인지 누구보다 잘 아는 사람들이었다.

그런데 형이 어느 날 갑자기 "나는 하나님의 아들이다", "나는 하늘로부터 왔으니 하늘로 올라갈 것이다", "나는 하나님 안에 거하고 하나님은 내 안에 거한다"라고 말하기 시작하니 동생들은 얼마나 당황스러웠을까? 한 지붕 밑에서 어릴 적부터 함께 살아왔던 친동생들은 황당한 말들을 거리낌 없이 해대는 예수님을 믿을 수가 없었을 것이다. 그랬던 예수님의 친동생 야고보가 성경 "야고보서"의 저자로 그리고 예루살렘 교회의 지도자로 변했다.

어떻게 그는 이렇게 변하였을까? 무엇이 그를 변하게 했을까? 무엇이 그를 순교까지 하게 했을까?

예수님은 평생 자신을 친형제로 여겨왔었던 야고보를 위해 부활 후, 그를 친히 찾아가셨다 (고전 15:7)

자신을 마지막까지 믿지 못하던 가장 가까운 혈육인 야고보를 그렇게 배려와 섬김으로 돌아보셨던 것뿐 아니라 부활의 모습을 보이심으로 동생을 바꾸어 놓았다.

이런 묵상은 나의 아킬레스건을 건드린다. 나와 가장 가까운 사람들에게 인정받는 것이 진짜 어렵다. 나를 통해 가까운 사람들이 변하는 사건도 제일 어렵다. 이런 열매는 시간이 평생 걸려도 못 볼 수 있다.

결론적으로 내가 해야 할 최우선적 사역은 가정을 비롯해 내게 가장 가까운 사람들을 돌아보는 것이다. 그들에게 보이는 나의 변화된 모습으로 인해 가장 가까운 사람에게서 그리스도인으로, 사역자로 인정을 받는 것이다.

Episode 09_ 탓하며 변명하는 사역자

잃을 것이 없는 사람에게는 거칠 것이 없다

이사를 할 때마다 "이렇게 짐이 많았나?"라고 놀라는 것처럼 짐뿐만 아니라 살면서 이것저것 세상 즐거움, 부와 명예, 별거 아닌 권력도 우리 삶에 늘어나게 된다.

세상에서 갖게 되는 이러한 것들은 끊임없이 우리안의 욕심을 불러일으켜 조금 더 갖기 위해, 조금 더 유지하기 위해 합법적인 노력은 물론이고 불법적인 타협과 편법, 그리고 거짓말도 마다하지 않게 한다.

어느 날 예배를 통해 우리 영혼을 자극하는 말씀을 듣고 깨달아 감동하며 눈물과 함께 죄악을 쏟아내기도 하지만 예배당을 나서는 순간, 그 죄의 고백과 감동이 사라지는 것을 경험해왔다.

상식적으로 생각해도 가진 것이 많은 사람들이 말씀대로 살아가다 잃게 되는 것들에 대한 두려움, 아쉬움이 얼마나 크겠는가? 그것들을 내어놓기는 실로 힘들 것이다.

하지만 어찌하나?
예수를 따르는 사람은 삶에 붙어있는 이러한 욕심을 하나씩, 하나씩 떼어내고 나누고 살아야하니 말이다.

예수께서 이르시되 네가 온전하고자 할진대 가서 네 소유를 팔아 가난한 자들에게 주라 그리하면 하늘에서 보화가 네게 있으리라 그리고 와서 나를 따르라 하시니 그 청년이 재물이 많으므로 이 말씀을 듣고 근심하며 가니라 (마 19:21)

말씀대로 살아도 잃을 것이 없는 사람에게는 거칠 것이 없겠지만 말씀대로 살면 잃을 것이 많은 사람에게는 오히려 복음이 죄책감을 일으키는 걸림돌이 될 수 있다. 이것이 내게 다가오는 무거운 숙제이다.
홀가분하게 사는 것, 잃을 것이 없는 인생을 사는 것, 이것이 나의 숙제이다.

사람 눈치 보지 않고 하나님 눈치만 보는 사람, 잃을 것이 없어 거칠 것이 없는 사람이 되고자하는 소망이 내 안에 살아있는 한, 이것은 나의 큰 숙제이니 해 내야할 것이다.

잃을 것이 없는
사람처럼
살아봤더니

어느 교회에서 연락이 왔다. 그런데 그쪽에서 집회 초청해놓고 그쪽에서 일정을 일방적으로 취소했다.

"목사님의 설교를 몇 편 들었는데 절대 메시지가 강하다고 그런 것은 아니고요"라며 교회 상황을 알려주시며 취소에 미안해하셨다. 이전에도 "목사님의 설교 영상을 봤는데 메시지가 너무 강해서…"라며 초청 취소 경험이 있었기에 대수롭지 않게 "미리 알려주셔서 감사합니다"라고 화답했다.

잃을 것이 없는 사람에게는 거칠 것이 없다.
난 가진 것이 많지 않으니 잃을 것이 별로 없다.
하나님이 사역의 기회를 주시지 않으면 쉬면서 나의 영적 상황을 점검하면 되고 영적 내공을 쌓다보면 또 사용하시겠지.
초청 집회가 없어 사례비 없으면 무슨 일이든 하면 되지 않겠나?
10여 년 전 미국에서 한국으로 귀국했을 때 나는 완전 무명했다. 교회 초청집회가 없어 4-5년 동안 피자 배달도 하고 영어 과외, 허드렛일도 했다. 비록 가난하고 불편하게 살았지만 영적 전투력은 더 올

라가고 영적 내공도 더 강해지는 경험을 했지 않았던가?

 최근에도 나는 어느 대형교회에서 "여기 수많은 회중들이 앉아계신데 여기 계신 분들 중에는 오랫동안 신앙생활을 하셨고, 직분이 있다는 명목 하에 그리스도인 행세하는 가짜 기독교인들, 그리스도인이라는 삶의 증거 없이 흉내 내는 기독교인들이 있을 수 있습니다. 오늘 과연 우리 자신의 정체가 무엇인지 드러나는 시간이 되길 바랍니다!"라는 메시지로 시작한 적도 있고, 목사님들만 모이는 컨퍼런스에서는 "한국 교회는 목사들이 바뀌어야 한국 교회가 바뀝니다. 성도들은 강단에서 외쳤던 설교를 듣고 바뀌는 것이 아니라 강단을 내려와 자신이 전했던 그 말씀 살아내는 목사의 뒷모습보고 성도들은 바뀝니다"라고 불편한 메시지를 외치기도 했다.

집회에 한 번 더 초청되기 위해 회중들의 감정에 읍소하지 않고 교회가 힘들어하는 부분을 대신해서 해결해 주기 위해 그에 맞는 표적 설교도 하지 않았다. 오히려 내 눈앞에 앉아계신 목사님, 장로님 눈치 보지 않고 내가 배우고 경험한 복음의 돌직구를 던질 수 있었던 까닭은 잃을 것이 없었기 때문이다. 한국교회에 사람을 위해 위로와 격려, 평안 그리고 축복만 주장하는 거짓된 가르침과 가짜 복음, 그리고 섞인 복음이 아닌 세상이 미련하게 보는 '십자가의 도'와 생명으로 인도하는 '좁은 길'을 알려주는 복음의 진수를 흘러 보내야한다.

그러려면 내가 그 진짜 복음을 먼저 맛보고 체험하고 살아내야 한다. 이리 글을 써내려 가니 나 자신에게 "힘내라", "변질되지 말라", "매일 하나님의 은혜를 구하고 은혜를 맛보라", "아직까지는 잘하고 있어"라는 격려와 응원을 하게 된다.

놀랍게도 방금 연락이 왔다. 취소된 그 날, 다른 교회에서 기다렸다는 듯 초청해주셨다.

예수님의 격려

사역은 경쟁이 아니다. 사역은 비교의 대상도 아니다.
사역의 크기와 유명세로 판단하는 하나님은 존재하지 않으시니 뭐라도 해 볼만 하지 않은가?
하나님은 사람과 달라서 외적 모습이 아닌 깊숙이 숨어있는 내면을 보시니 이것이 얼마나 나에겐 은혜인가?

너희가 여기 내 형제 중에 지극히 작은 자 하나에게 한 것이 곧 내게 한 것이니라 (마 25:40)

알아주지 않는 작은 교회, 시골 교회에서 사역하더라도 예수님의 이 한 마디가 나에게 얼마나 격려가 되는가?
오늘도 아이들에게 만나는 모든 사람들에게 그리고 사소한 것들에 최선을 다해보자.

주님 생각하여 그 분 뜻대로, 그 분 마음대로 움직이며 행동하는 것이 사역이 아니던가?

Episode 10

감동이
가치로
드러나려면

감동은
행함으로 옮겼을 때
가치로 드러난다

집회를 하게 되면 두 종류의 회중을 발견하게 된다.

첫 번째 종류의 회중은 감동만 하는 사람이다.
  집회 때 말씀에 은혜 받고 열정적으로 찬양하며 주의 사랑에 감동하여 울기도 한다. 그러나 예배당을 나서는 순간 그 감동은 사라진다.
  이런 분들은 늘 예배와 집회를 통해 감동은 하지만 그것이 전부이고 그것이 끝이다. 신앙은 자라나지 않고 늘 그 자리다.

두 번째 종류의 회중은 감동한 후 결단하고 행동하고 습관화하여 삶으로 이어간다.
  감동이 삶이 되어 예수님 닮아가는 사람 즉, 제자로 살아간다. 이런 분들은 깨달음과 감동은 행함으로 옮겨졌을 때 가치가 있다는 것을 증명해낸다.

오늘은 집회 장소로 이동하기 위해 40분전, 서울역에 도착해 아침 식사까지 여유롭게 하고 있다. 지난번 시간에 쫓겨 기차를 놓친 후회

막급한 사건을 통해 깨달았던 것을 행함으로 옮겨 보니 이리도 좋구나.

내가
누구를
좋게 하랴

주님 만날 그 날
그분이 나를 어찌 대할 지

나를 두 팔 벌려 반갑게 맞이하실 지
뒤도 돌아보지 않으시고 내치실 지

우린 그 날 가봐야 아는 일이니
두려운 마음으로 한걸음, 한걸음 사역의 길을 가야 한다.

사역은 진리를 갈망하는 소수의 사람들을 소외시키지 않고
미련하고 불편한 좁은 길 무시하고 축복의 길만 알려달라는
다수의 소리에 귀 기울이지 않고
주님 의도하신대로 말씀의 본질과 복음의 진수만 전해야한다.

기득권 가진 목사와 장로들의 눈치를 보고
성도들의 취향과 구미에 맞추어 사역하다

"내가 너를 도무지 알지 못하노라"는 주님께 기억되지 못하는 인생으로 판단되어지면 나는 얼마나 후회하며 억울해할까?

오늘도 정신 바짝 차리고 민감하여
내가 누구의 종인지 헷갈리지 않고 성령님의 인도함을 받아야 할 것이다.

이제 내가 사람들에게 좋게 하랴 하나님께 좋게 하랴 사람들에게 기쁨을 구하랴 내가 지금까지 사람들의 기쁨을 구하였다면 그리스도의 종이 아니니라
(갈1:10)

맛 본 사람은
가만히 있지
않는다

교회에서 나를 초청하는 이유는 반드시 있고, 다시 한 번 나를 초청할 때는 반드시 또 다른 기대를 한다. 하지만 재초청시 지난번과 비슷한 레퍼토리와 내공으로 초청에 응한다면 그것으로 판단을 받고 이후 더 이상의 초청은 없을 것이다.

이 사실이 나로 하여금 끊임없이 말씀 안에서 몸부림치게 만드는 도전이며 이전 경험하지 못했던 또 다른 영적 수준의 예배를 갈망하게 만든다.

"사역하면서 늘 그 수준에 머물러 있으면 안 된다."

나는 이 문장으로 항상 나 자신을 자극한다. 그래서 또 다른 수준의 예배, 탐험해보지 못했던 더 깊은 예배, 성경에서 배운 예배를 지속적으로 임상 실험하여 나 자신이 그 예배들을 먼저 체험하기를 도전한다.

복음의 진수(眞髓, the essence)가 드러나는 집회는 양파와 같아서 까면 깔수록 새롭다. 그렇기에 사역자들은 자신이 안쪽의 양파를 미리 맛보아 그 맛을 전해주어야 한다.

이런 사역자를 통해 또 다른 수준의 집회, 더 깊은 예배를 맛 본 회중들은 반드시 그 사역자를 다시 초청하던지 아니면 다른 교회에 소개해 주게 된다.

이것은
맛본
사람들이 취하는
당연한
행동이다.

사역은 정해진 콘티(continuity)가 아니더라!

진주에서 청년 연합집회 마치고 열정의 청년들과 야식하며 삶의 솔직한 이야기들을 나누었다.

그들의 고민들을 듣고 도움이 될 만한 인생 경험을 들려주며 수다를 떨었다. 물론 일정에 없던 즉흥 만남이었다. 그리고 피곤한 몸으로 심야버스를 타고 서울로 올라왔다.

새벽 2:30분, 강남 고속터미널에 도착했다.
집에 갈 전철은 이미 끊어졌다. 새벽까지 기다렸다가 집으로 돌아가야 한다.

집회 중에 내 순서만 마치고 바로 올라오는 것보다 이리 고생은 되어도 집회 끝난 후 청년들과 교제 시간을 가진 것은 잘했다 싶고 보람도 느낀다.

이제 터미널에서 3시간만 버티면
첫 전철이 온다.

소통은
일상 속에서 요구되는
정직한 노력이며
열심

　소통이 어느 한 사람에게만 의미가 있으면, 한 날 그 소통은 단절된다. 페이스 북에 <좋아요>를 서로 눌러주고 지나가는 말이지만 글을 남기는 이유는 "내가 너랑 소통하고 싶으니 나를 기억해 줘" 라며 은근히 자신이 올린 글에 <좋아요>와 <댓글>을 기대하기 때문이리라.

　그런데 그런 기대를 저버리는 일 즉, 반응하지 않고 무시하면 우리는 상대방의 페이스 북에 올려놓은 글에 더 이상 <좋아요>와 <댓글>을 남기지 않는다.

　이렇듯 소통은 별거 아닌 거 같지만 서로에 대한 존재 확인에는 큰 의미를 느끼게 하고 관계를 유지시킬 뿐 아니라 깊어지게 도와준다.

　이리 생각해보니 하나님과의 관계도 그럴 것 같다. 하나님과의 소통도 어느 한 쪽에만 의미가 있게 되면 어느 날 갑자기 그분과의 소통도 단절되지 않을까? 문제가 생길 때만 기도하고 뭔가 필요할 때만 하나님을 찾게 되는 우리의 이런 이기적이고 자기중심적인 관계를 하나님이 페이스북 친구 끊듯이 단절하지는 않으실까?

　어젯밤에 묵상했던 이 내용들이 오늘 아침,
　주님 앞에 나아가게 만드는 동기가 되니 은혜이다.

소통은
일상 속에서 요구되는
정직한 노력과
열심을 수반한다.

관계는
소모품이 아니다

　사람을 이어주는 관계의 기준이 '우정이나 신뢰 그리고 의리'가 아니라 '성공'이라면 그 관계의 대상은 단지 수단일 뿐 목적이 아니다.

　인맥을 자신의 가치로 드러내는 스펙으로 여기고,
　인맥을 자신이 추구하는 사역의 소모품으로 이용하고,
　인맥을 자신의 자랑으로 오해하는 사람은
　가장 중요하고 절박한 도움이 필요한 그 순간,
　주위에 사람이 없음을 발견하게 될 것이다.

　엉뚱한 곳에 시간 낭비를 하고 공을 들이는 어리석은 사람이 되지 말고 내 주위 가까운 사람부터 사랑하고 돌아보는데 시간을 사용해야겠다.

　방금 문자와 선물쿠폰을 보냈다.
　"잘 있지? 문득 생각나 그리워서 마음을 전해"

짐승만도 못한 그리스도인?

동화를 보면 은혜를 갚은 짐승 이야기가 많다. 강아지, 까치, 쥐, 그리고 흥부전의 제비까지 다양하다. 현실 속에서도 주인의 사랑을 받은 짐승들이 은혜를 갚는 경우를 TV에서 종종 보게 된다.

그래서 "짐승도 은혜를 갚는다"라는 말이 있다.

그런데 이런 짐승만도 못한 그리스도인이 있다.

하나님 은혜의 가치도 모르고
하나님 은혜를 당연히 여기고
하나님 은혜를 가벼이 여기고
하나님 은혜를 천박히 여기고

"영상 예배 드릴 수 있는데 교회에 나가준다, 다른 교회 갈 수 있는데 이 교회에 나가준다"한단다.

"내가 빠지면 어떻게 되는지 아나? 하며 내가 봉사해준다, 내가 사역해준다"한단다.

"내가 큰 사업을 하는데 내가 내는 십일조와 헌금으로 이 교회가 돌아가는 것 알아, 몰라"한단다.
혹시 우리도 이렇게 생각하며 교만 떨고 살아온 적은 없었던가?

2015년 둘째 딸 온유가 희귀병에 걸려 죽음 안에 놓였던 적이 있다. "현대 의학 기술로는 살릴 수 있는 방법이 없습니다."라는 사망선고 같은 소식을 들었을 때 나는 인간에게 주어진 가장 큰 형벌이 무엇인지 알게 되었다.

자신이 병이나 사고로 인해 사형 선고를 받고 죽음을 기다리며 병원 침대에 누워있는 것보다 더 두렵고 고통스러웠던 것은, 자녀가 죽어가는 것을 그저 바라만 봐야하는 부모의 심정이었다.

중환자실에서 "주님, 차라리 저를 저 침대에 누이시고 나를 데려가주소서", "주님, 제가 너무 힘드니 딸과 바꿔주소서"라고 밤이고 낮이고 울부짖었었다.

나는 그때 죽음과 상관없는 사람들이 사는 세상과 죽음을 마주한 딸과 나만 있는 세상, 이 두 가지 세상이 공존함을 경험했다. 그래서 다른 세상에 사는 어느 누구도 나의 마음을 공감해주지 못할 것이라 생각했다. 심히 괴롭고 외로워 울고 있을 때, 나의 마음을 공감하실 수 있는 한분의 이름이 떠올랐다. 그 분은 나와 같은 상황을 겪었던 하나님, 아들의 죽음 앞에 서 있었던 하나님이셨다.

바로 그때 우리를 죽음에서 건지기 위해 당신의 아들을 십자가 죽음으로 내몰았던 하나님의 심정이 내 인생 처음, 오감을 통해 전해졌고 나도 모르게 이런 고백이 내 입에서 나왔다.

"하나님이 그러셨구나,
심장이 찢어지도록
이토록 아프셨구나!"

나는 하나님의 사랑과 은혜의 가치를 몰랐던 사람이었다. 나는 하나님의 사랑과 은혜를 가볍고 당연하게 받아들였던 사람이었다. 나는 하나님의 사랑과 은혜를 깨닫지도 못한 채 무지한 말로 설교했던 사람이었다. 나는 하나님의 사랑과 은혜를 모르면서 아는 척 사역했던 사람이었다.

딸의 죽음 앞에서 실제 하나님의 입장이 되어보니 그제야 이러한 거짓과 무지에 숨어살던 내가 들통 났다. 하나님에 대한 미안함과 두려움으로 가득했던 나는 차가운 중환자실 콘크리트 바닥에 엎드려 통곡하며 회개했었다.

짐승도 은혜를 갚는다는데 이다지도 큰 사랑을 받은 우리가 어찌 하늘보다 높고 바다보다 깊은 주의 은혜에 반응하지 않고 살아간단 말인가? 하나님이 우리를 어찌 사랑하셨는데 "해준다"라는 식으로 건방지게 살아간단 말인가?

오늘 아침, 눈을 뜨면서부터 새날을 주신 그 분의 은혜에 감사하며 반응한다. 일어나면 핸드폰에, 아침 드라마와 뉴스에 첫인사를 하던 습관에서 벗어나 오늘 아침은 "예수님, 굿모닝 ^^" 이라고 인사하며 노래로 주님을 찬양한다.

생명과 바꾼 주의 사랑을 잊지 않게 하소서

나를 위해 흘렸던 주의 눈물 잊지 않게 하소서

주의 긍휼과 주의 선하심 내가 묵상하오니

내 영혼위에 베푸신 주의 은혜 잊지 않게 하소서

감사합니다, 주님 고맙습니다

그 사랑 때문에 그 눈물 때문에

주 앞에서 예배합니다

-장종택 라이브 워십 2집 수록곡

변화 아니면 변질

시간이 흐르면 두 가지 단어중 하나가 우리의 신앙에 뿌리를 내린다.

"변화" 아니면 "변질"

변화는 끊임없이 주님 닮고자 몸부림치는 사람에게 주어지고
변질은 사역이란 울타리 안에서 자신을 자연스럽게 내버려 둔 사람에게 주어진다.

변질과 변화라는 단어의 의미는 본질적으로 완전히 다르지만
닮은 점은 정작 자기 자신은 잘 모르는데 반해 주위 사람들은 너무 잘 안다는 것이다.

그렇다면 "나는 변화 중인가?" 아니면 "나는 변질 중인가?"

오랫동안 교제해 온, 나를 잘 아는 동역자들에게 물어봐야겠다.

물고기는
물 위에 뜨면
죽은 것이다

 달력에 사역 스케줄이 꽉 차 있으면 마음이 든든했다. 사역자로써 인정을 받는 것 같았고 재정적으로는 안정감이 생겼다. 반면에 인간의 본성이 추구하는 편안함과 안전함을 누리니 절박함과 긴장감이 서서히 사라지기 시작했고 복음의 메시지를 전하면서도 내안의 영적 흥분과 갈망은 사그라졌다. 바빠지니 말씀 묵상과 기도의 시간적 여유가 줄어들고 분주함은 늘어났다.

 편안함이 늘어난 만큼 평안함이 옅어졌고 안전함을 의지하는 만큼 불안감이 자라났다. 나는 이유를 알고 있었지만 몰려드는 사역들을 소화해야했기에 그런 사실을 애써 무시했었고 결국 육체의 깊은 피곤함은 영적 게으름으로 나타났다.
 나의 모습을 보고 애써 참고 있었던 아내가 확성기를 내 귀에 대어 소리치듯 조언했다.

 "정신 차리시고
 개인 예배를 회복하세요."

게으름에 묶여있던 나는 다리에 힘을 주고 일어나 하나님의 그늘 아래로 들어갔다. 그리고 잠잠히 주의 음성 듣기를 기다렸다.

내 생각과 내 마음을 토해내던 입을 닫고 하나님을 찬송하는 입을 열었다. 늘 승리하며 사는 사람처럼 회중 앞에 섰던 나는 하나님 앞에 엎드려 "주의 기름 부으심이 다시 흐르게 해달라"는 긍휼을 구했고 절박한 마음으로 "주의 구원의 기쁨을 다시 회복시켜 달라"며 주의 자비를 구했다.

개인 예배와 묵상을 조금씩 회복하니 바쁜 사역이 주었던 성취감보다 더한 행복감이 몰려왔고 "사역자"라는 직분 이전에 주어진 "예배자"라는 원래 내 자리에 돌아오니 평안함이 감쌌다.
사역이 줄어들고 사라지면 당장 소유하고 누리는 것이 줄어들어 삶의 불편함이 늘어나겠지만 오히려 그것이 주님만 바라보게 하고, 주님만 의지하게 될 터이니 무명으로 사는 것이 큰 복이 아니겠는가? 물고기는 물 위에 뜨면 죽은 것이다.

사역자로 인기를 끌고 유명해지려고 그리고 속된말로 뜨려고 애쓰는 것은 자신을 죽음으로 몰아가는 것이며 모두가 떠받드는 상석에서 변질되는 것은 자신이 서서히 죽어가는 것이니 차라리 심해에서 바닥을 치며 처절하게 주님만 붙잡는 영적 야성으로 사는 것이 더 나으며 인생에게 주어진 풍성한 삶임을 결코 잊지 말자.

후회하지 않도록
성할 때
사용하라

아내는 금년 들어 성경을 엄청 읽는다.
이동하는 자동차와 전철에서도, 잠자기 전에도, 틈만 나면 성경을 열어 말씀을 읽는다.
"조금이라도 눈이 성할 때 성경을 읽어야한다"면서 두 달도 채 안되어 구약 통독을 2번 했다고 한다.

"철이 철을 날카롭게 하고 사람이 사람을 날카롭게 한다"(잠 27:17, 현대인의 성경)라는 잠언의 말씀처럼 내 좋은 동역자인 아내의 삶을 통해 도전을 받고 나를 돌아본다.
'목사인 나는 뭐하고 있는가?'
'내 육체에 아직 성한 것은 무엇일까?'

기억력은 아직 살아있으니 감퇴되기 전에 말씀 암송에 더 노력해야겠고, 목사이니 적어도 사모보다 말씀도 더 가까이 해야 하지 않겠나?
깨달음과 도전은 나 자신이 행동으로 움직일 때 가치가 있는 것이니 지금 바로 다시 움직여 실천한다.

내 이야기 하나 없이 암송한 말씀으로만 설교할 수 있는 그런 목사가 되어보자.

종은
순간순간 주인의 말에
경청하여 따르는 자

종은 주인의 말씀을 들어야하며 그 말씀대로 움직여야 한다. 종이 주인의 말에 경청하지 않으면 자신의 의도대로 움직이고 행한다.

"오랫동안 섬겨봤는데 주인도 그럴거다"라고 추측하고 단정 짓다가 어느새 주인을 관리하게 되고 궁극적으로 "주인이 말씀하셨어"라고 확신하며 종이 마치 자신이 주인인 양 행동한다.

오만 방자한 종의 모든 것을 지켜보았던 주인은 생각지도 않은 날, 부지불식간에 당신의 집에서 그 종을 처벌하여 쫓아내 버리신다 (눅 12:44-48)

이 이야기는 성경에 나오는 종의 이야기가 아니라 그분의 종인 나의 이야기인 것이다. 내게 있어 주인이신 주님께 내침 당하는 그 날이 오늘 일수도, 내일 일수도 있다. 지혜로운 종은 매일 순간마다 주님의 말씀을 경청하는 자이고 주인의 뜻을 알아 준비하고 주인의 뜻대로 행하는 자이다.

오늘도 두려운 마음으로 그분의 말씀 앞에 나아간다. 종에게는 주인의 말씀을 듣는 이 시간이 가장 중요한 시간이기 때문이다.

**하나님이
내게 원하시는 것
그 일을 내가 하련다**

그저 내게 주어진 일을 한다.
물길 막으시면 기다리고 물길 여시면 흘러가는 그런 물처럼 살련다.

사역이 없으면 집안일 하고, 주께서 사역의 물길 막으시면
물이 가득 찰 때까지 나 자신을 비우고 주님의 것으로 채우고
죄를 닦아내며 준비하고 기다리다
그 분 손으로 물길 열어주시면 그저 다시 흘러가고
그러다 사역의 물길조차 없애시면
세상의 불편한 광야로 나가 그 분의 기적으로 살아가면 된다.

나의 사역 시즌이 끝났음을 알고
조용히 물러나는 분별력만큼은 소멸되지 않도록
사역에 대한 욕심에 얽매이지 않아야 한다.

사람들이 만들어 놓은 가치관에 따라
사람들이 가지고 있는 눈높이에 따라

사람들의 경험과 생각에 의한 판단에 따라
사람들의 칭찬과 박수와 시기와 미움에 따라

내 인생의 희로애락이 이리저리 흔들리지 않도록
일점일획도 바뀌지 않는 절대 가치의 말씀을 꼭 붙잡아야 한다.

내 정체성이 그 분의 자녀이고 백성이라면
인생 다할 때까지 그분과 함께 거함으로 만족해야 한다.

하나님을 오해하지 않고 하나님 때문에 기뻐하며 사는 것
어느 곳에서 무슨 일을 해도 주님 의식하며
주님과 동행함을 즐거이 누리는 것

이것이 내가 이 땅에서 누릴 천국의 한 단면이다.

높은 산이 거친 들이 초막이나 궁궐이나
내 주 예수 모신 곳이 그 어디나 하늘나라

할렐루야 찬양하세 내 모든 죄 사함 받고
주예수와 동행하니 그 어디나 하늘나라

영적 외도하는 예배자

초판 3쇄 발행 | 2022년 3월 11일
개정판 1쇄 인쇄 | 2025년 7월 22일
개정판 1쇄 발행 | 2025년 7월 25일

지은이 | 장종택
펴낸이 | 박대용
펴낸곳 | 도서출판 징검다리

등록 | 1998. 4. 3. No.10-1574
주소 | 경기도 파주시 산남로 85-8
전화 | 031)957-3890~1   **팩스** | 031)957-3889
이메일 | zinggum@naver.com

디자인 | 오브디자인 ovdesign.kr
ISBN | 978-89-6146-182-5(03230)

《영적 외도하는 예배자》 Copyright ⓒ 2022장종택
저작권자의 허락없이 이 책의 일부 또는 전체를
무단 복제, 전재, 발췌하면 저작권법에 의해 처벌을 받습니다.